DR. GOLDMANN

Binäre Optionen

TOP-GOLD

Trading Signale

Ebozon Verlag

Buch

Der Handel mit Binären Optionen boomt. Bereits mit geringem Eigenkapital können Kleinanleger satte Gewinne einfahren. Gerade in Zeiten der Nullzins-Politik eröffnen sich hier gewinnbringende Chancen, der steigenden Inflation durch Optionshandel entgegenzutreten.

Der Autor hat hierzu nach langen Recherchen ein spezielles Programm entwickelt, dass sich auf die Auswertung von Trades auf Gold bezieht. Durch ein bestimmtes, täglich auftretendes »Phänomen« beim Goldkurs konnte dieses System entwickelt werden. Dieses System ist einzigartig und steigert die Gewinnchancen auf Gold-Trades bis zu 90%. Das System wurde über mehrere Jahre erprobt und ausgewertet und ist nun völlig ausgereift und entwickelt einsetzbar. Allein in diesem Jahr konnten durch den Autor erhebliche Gewinne in 6 stelliger Höhe, nachweislich, erzielt werden.

Dieses Buch zeigt anschaulich, auch für Anfänger, dass durch treffsichere Prognosen kontinuierlich wachsende Gewinne erzielt werden können. Besonders in unsicheren Zeiten wie in diesen und in Krisensituationen erweist sich Gold immer wieder als »sicherer Hafen«. Auch die Anlage in physisches Gold wurde daher vom Autor in diesem Werk berücksichtigt. Die Devise lautet: mit dem richtigen Konzept langfristig erfolgreich zu sein. Dabei werden Anleger von der effizienten TOP-GOLD Strategie unterstützt.

Dr. Goldmann

Binäre Optionen

TOP-GOLD

Trading Signale

Ebozon Verlag

Dieses Buch ist auch als eBook erhältlich.

Bibliografische Information der Deutschen Nationalbibliothek:
Die Deutsche Nationalbibliothek verzeichnet diese Publikation in der Deutschen Nationalbibliografie; detaillierte bibliografische Daten sind im Internet über http://dnb.dnb.de abrufbar.

Printausgabe 1. Auflage Oktober 2017

ein Unternehmen der CONDURIS UG (haftungsbeschränkt)
www.ebozon-verlag.com

Umschlaggestaltung: media designer 24
Umschlaggrafik: www.depositphotos.com Nr. 18514713
Layout / Satz: Ebozon Verlag
Druck: KN Digital Printforce GmbH,
Ferdinand-Jühlke-Straße 7, 99095 Erfurt

ISBN: 978-3-95963-489-2

Inhaltsverzeichnis

KAPITEL 1
Handelssignale und Roboter

Wenn Sie noch nicht viel Erfahrung im Handel haben, ist es wichtig, dass Sie die richtigen Entscheidungen treffen. Eine unbedachte Bewegung kann Ihrem Handel deutlich schaden, während ein guter Zug große Profite einbringen kann. Es gibt zwei wichtige Komponenten, die von Anfang an, egal ob Sie mit Forex, Aktien, Indizes oder Rohstoffen handeln, notwendig sind: eine Kombination aus einer guten Kapital-Management-Strategie und einer gut geplanten Handelsstrategie. Ein Fehlen dieser beiden Faktoren kann letztlich für einen Investor oder Trader zu einer Katastrophe führen.

Ein Hauptmerkmal, auf dass Sie Zugriff haben sollten, sind Handels Alerts oder »Signale«. Trading-Signale sind sehr wichtig. Sie sind Indikatoren, die Ihnen anzeigen, wann der richtige Moment ist, einen Asset zu kaufen oder zu verkaufen. Sie bieten Ihnen einen Einblick, was auf den Märkten los ist, ohne die Trends im Laufe eines Tages zu verfolgen. Was sind Trading-Signale? Sie werden auch als Ein-und Ausstiegssignale bezeichnet und sind das Ergebnis einer Fülle von tiefgehenden Analysen, Forschungs- und Trackinginformationen, die von verschiedenen Handelssystemen auf kontinuierlicher Basis betrieben werden.

Trading-Signal-Anbieter bieten Signale rund um die Uhr an. Es ist ratsam, zum Ausprobieren zuerst ein Demo Konto zu eröffnen, so dass Sie eine Strategie entwickeln können, die für Sie funktioniert. Sie können dann den Trading Signal Service als ein nützliches Tool zu Ihrem Handel hinzufügen. Die meisten Broker bieten Signal Alert Services, entweder selbst oder durch Drittanbieter an. Egal, ob Sie mit einem Demo-Konto oder einem realen Konto handeln, der Signal Service ist kostenfrei.

Die Signale können Sie per E-Mail oder per SMS auf Ihr Handy empfangen, oder Sie besuchen einfach die Webseite des Brokers, um die Signale zu erhalten. Die Leistungen unterscheiden sich auch darin, wie Ihnen die Informationen präsentiert werden. Manche Anbieter stellen Live-Charts zur Verfügung, um Ihnen einen tieferen Einblick und einen Vorsprung zu geben, was auf dem Markt passiert. Sie können die Signale empfangen, und dann entscheiden, ob Sie kaufen oder verkaufen wollen.

Bitte beachten Sie, dass dies ein in hohem Maße wettbewerbsfähiger Bereich ist und eine gut geplante

Handelsstrategie und die Anmeldung bei einem seriösen Broker mit einer Signalfunktion ausschlaggebend für Ihren Erfolg oder Misserfolg auf dem Devisenmarkt sind.

Die Anwendung von Trading Signalen

Die Verwendung von Signalen ist für Händler sehr wichtig. Wenn ein Händler daran interessiert ist, Signale bei seinem Handel zu verwenden, muss gewährleistet sein, dass er in Echtzeit auf diese zugreifen kann, bevor er den Handel ausführt. Die Anmeldung zu Signal-Diensten führt normalerweise zu der Zunahme der Anzahl von erfolgreichen Trades, die man besser nicht verpasst haben sollte. Es ist immer am besten, den Dienst zunächst zu prüfen, was Ihnen ermöglicht, die Qualität der empfangenen Signale zu testen. Ist die Leistung auf dem Demo-Konto zufriedenstellend, dann lohnt sich eine Anwendung auf einem Live Handelskonto.

Händler haben in der Regel große Hoffnungen auf hohe Gewinne aus ihren Handelsaktivitäten. Trotzdem machen Händler regelmäßig, aufgrund der immensen Vielfalt und Widersprüchlichkeiten auf den Märkten, zu manchen Zeitpunkten während ihres Handels Verluste. Aus dem Grund ist es sehr wichtig, dass Sie lernen, den

Markt vorherzusagen. Dafür ist es wichtig, Signaldienste zu verwenden, da diese neuen Händlern helfen, Geld zu verdienen und eigene Fähigkeiten zur Vorhersage der Marktentwicklung zu entwickeln.

Signal Dienstleistungen werden in der Regel über Webseiten, Tweets, E-Mails, Chats, SMS, RSS, und mehr übertragen, nachdem Sie diese auf der Website des Analysten abonniert haben. Diese Kommunikationsmittel sind, unabhängig von der Entfernung relativ unmittelbar, besonders im Forex-Handel ist ein Empfang in Echtzeit sehr wichtig, und fordert vom Forex-Signalanbieter, Händlern die Signale auf dem kürzesten und schnellsten Weg zu senden.

Die meisten Anbieter von Handelssignalen bieten nur Alerts, was wann gekauft oder verkauft werden kann. Es gibt jedoch auch einige Anbieter, die eine exakte Kopie eines Kontos von einem erfahrenen Trader zur Verfügung stellen. Dies ermöglicht dem Händler, ähnliche Möglichkeiten wie der erfahrene Trader selbst zu haben, (Copytrading) d.h. Gewinne zu machen oder sich gegen Verluste abzusichern.

Wie wollen Sie diese Signale auf einen eventuellen Handel anwenden? Sie können dies tun, indem Sie dem Kauf oder Verkauf der Vermögenswerte Signale zuweisen. Wenn Sie zum Beispiel mit binären Optionen handeln, entscheiden Sie sich am besten für einen Anbieter, der binäre Optionen Trading-Signale zur Verfügung stellt.

Mit einem gut geplanten Handelssystem und der Nutzung von entsprechenden Leistungen für Handels-Signale aus einem seriösen Broker Konto, sind Sie in der Lage, Ihre Gewinne deutlich zu maximieren und die Risiken großer Verluste zu vermeiden.

Für alle Vermögenswerte steht eine eigene Palette an Handelssignalen zur Verfügung, die für die bestimmte Anlagekategorie geeignet ist. Es ist wichtig, mehr darüber zu erfahren, wie diese funktionieren, um Ihre Ergebnisse bei der Umsetzung Ihrer Trading Strategien zu verbessern.

Marktsignale

Für jede Anlageklasse, ist es wichtig zu verstehen, wie sensibel ihr Wert auf Marktbewegungen reagiert. Historisch gesehen, wenn ein Vermögenswert schnell auf die Veröffentlichung von neuen Wirtschaftsdaten reagiert, kann dies ein Hinweis darauf sein, wie dieser sich auch in der Zukunft verhalten wird. Wenn ein Händler zum Beispiel erkennt, dass sich der Wert des S & P-500-

Index nach der Veröffentlichung von wichtigen US-Konjunkturindikatoren, wie etwa der Arbeitslosenquote, verändert hat, sollte er dies bei dem Versuch berücksichtigen, die Preisbewegungen dieses Assets in der Zukunft für eine ähnliche Situation vorherzusagen.

Preis / Leistungs Trend-Signale

Es ist auch wichtig zu wissen wie sich Preise über einen bestimmten Zeitraum bewegen. Die Werte von vielen Vermögenswerten bewegen sich zyklisch. Durch die Beobachtung der Werte über einen längeren Zeitraum können Sie erkennen, ob es irgendwelche Trends in den Veränderungen der Assets gibt und wenn ja, welche. Der S & P 500 zum Beispiel wird weitgehend von der Leistung seiner Komponenten, d.h. der 500 größten US-Aktien beeinflusst. Da diese Komponenten börsennotierte Unternehmen sind, geben Sie Ihre Ergebnisse in einem Quartalsbericht heraus. Wenn Sie den S & P 500 handeln, werden Sie bemerken, dass ein Ausfall seines Werts eine Woche vor diesen Berichten zu sehen ist, was ein Signal für eine Trendwende im Preis für diesen Vermögenswert sein kann.

Timing Signale

Da viele Märkte in einem vordefinierten Satz von Handelszeiten gehandelt werden, können bestimmte Signale zu bestimmten Zeiten existieren. Zum Beispiel bei dem S & P-500-Asset, stellen Sie möglicherweise fest, dass bei dem Index in den letzten Handelstagen die höchsten Gewinne in den ersten 30 Minuten des Handels erreicht wurden. Dieses Signal kann Ihnen bei der Entscheidung helfen, ob Sie eine Call-oder Put-Option platzieren möchten, abhängig davon, wann und mit welchem Verfallsdatum Sie den Handel platzieren.

Im Einklang mit den entsprechenden Signalen werden Sie mehr über die Leistung Ihres gewählten Vermögenswertes lernen und können Ihre allgemeinen Handelsergebnisse verbessern.

Anbieter von Robotern und Trading-Signalen finden Sie auf unserer Webseite www.trading-king.hk.

TOP-GOLD

Wir haben ein spezielles Programm entwickelt, das uns ermöglicht, gezielte Trades auf Gold zu einer bestimmten Zeit zwischen 14:00 und 16:00 Uhr täglich zu platzieren. Wir haben zu diesen Zeiten erhebliche Aktivitäten über 1 Jahr lang beobachtet und analysiert und in ein Programm eingespeist. Wir kamen dabei zu einer bahnbrechenden Auswertung, die uns einen absoluten Vorteil von bis zu 90% für Trades auf Gold ermöglicht. Dieses Phänomen das wir ausgewertet haben, tritt meist nur für sehr kurz Zeit (einmal täglich) auf! Da wir dieses ausgearbeitete System schützen müssen, können wir keine weiteren Einzelheiten dazu bekannt geben. Wir haben dieses von uns exklusiv entwickelte Programm als TOP-GOLD bezeichnet.

Das eigentliche System ist vollständig entwickelt und ausgereift. Wir können die Teilnehmerzahl jedoch nur auf 20 Personen beschränken, da wir die Trading-Signale in kurzen Abständen aktuell und manuell an die Trader aussenden müssen. Wir bieten TOP-GOLD wie folgt an:

Als 14 tägiges Probe-Abo zum Einführungspreis von 299 Euro pro Woche. Sie müssen das Abo wöchentlich erneuern. Für die 14 tägige Probezeit sprechen wir Ihnen eine Geld-zurück-Garantie aus. Dies bedeutet, sollten wir innerhalb einer Woche, also in den 5 Handelstagen bis zum Wochenabschluss am Freitag, keinen Überschuss erwirtschaftet haben, erhalten Sie 250 Euro rückerstattet. Bei uns verbleiben dann lediglich 49 Euro Administrations-Gebühr.

Nach Ablauf der Probezeit können Sie das Abo weiter beziehen zu einem wöchentlichen Preis von 499 Euro ohne Geld-zurück-Garantie (diese können wir nur für die Probezeit aussprechen) oder zum reduzierten monatlichen Preis von 1.749 Euro.

Zur Anwendung von Top-Gold sind die folgenden Voraussetzungen erforderlich:

1. Sie benötigen ein Broker-Konto bei IQ Option (www.iqoption.com)
2. Sie müssen von 14:00 Uhr bis 16:00 Uhr abkömmlich sein und sofort nach dem Aussenden der Signale reagieren und die Trades setzen können
3. Sie benötigen einen Skype-Account, da wir die Trading-Signale ausschließlich per Skype aussenden können, da eine Mitteilung per E-Mail zu zeitaufwendig ist und die Trades unbedingt zeitnah platziert werden müssen
4. Es werden pro Tag zwischen 1-10 Trades platziert

Anbei haben wir Ihnen zwei Charts bei denen wir erhebliche Gewinne nach dieser Methode erwirtschaften konnten. Wir konnten beim ersten Chart einen Netto-Gewinn von 45.000 USD erzielen und beim zweiten Chart einen Netto-Gewinn von 33.750 USD.

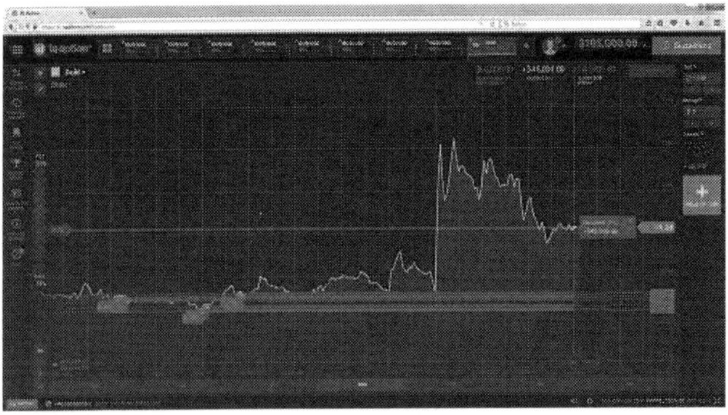

Da wir jetzt schon eine erhebliche Nachfrage haben und nur noch wenige freie Plätze verfügbar sind, bitten wir Sie umgehend Ihre Unterlagen anzufordern. Wir würden uns freuen, auch Sie zum Start von TOP-GOLD begrüßen zu dürfen! Sollten Sie noch Fragen haben, stehen wir Ihnen gerne zur Verfügung. Bei Interesse fordern Sie bitte formlos unsere Unterlagen zu TOP-GOLD per Mail an. Richten Sie Ihre Anfragen an:

Trading-King@swissmail.com

Nachstehend Trading-Ergebnis der Kalenderwoche 39/17:

Protokoll

No:	001/17
Date:	22/09/17
Asset:	GOLD
Trade:	call
Strike:	1294.723
Strike Zeit:	14.50 Uhr
Einsatz-Summe:	5000 Euro
Ablauf-Zeit:	15.45 Uhr
Ablauf:	1294.845
G/V:	+ 3750 Euro

Protokoll

No:	002/17
Date:	22/09/17
Asset:	GOLD
Trade:	call
Strike:	1295.345
Strike Zeit:	15.00 Uhr
Einsatz-Summe:	5000 Euro
Ablauf-Zeit:	16.15 Uhr
Ablauf:	1295.755
G/V:	+ 3750 Euro

Protokoll

No:	003/17
Date:	22/09/17
Asset:	GOLD
Trade:	call
Strike:	1295.522
Strike Zeit:	15.40 Uhr
Einsatz-Summe:	5000 Euro
Ablauf-Zeit:	16.15 Uhr
Ablauf:	1295.755
G/V:	+ 3750 Euro

Protokoll

No:	004/17
Date:	25/09/17
Asset:	GOLD
Trade:	call
Strike:	1292.118
Strike Zeit:	14.36 Uhr
Einsatz-Summe:	5000 Euro
Ablauf-Zeit:	15.45 Uhr
Ablauf:	1292.620
G/V:	+ 3750 Euro

Protokoll

No:	005/17
Date:	25/09/17
Asset:	GOLD
Trade:	call
Strike:	1292.817
Strike Zeit:	14.58 Uhr
Einsatz-Summe:	5000 Euro
Ablauf-Zeit:	15.15 Uhr
Ablauf:	1292.858
G/V:	+ 3750 Euro

Protokoll

No:	006/17
Date:	25/09/17
Asset:	GOLD
Trade:	call
Strike:	1291.920
Strike Zeit:	15.02 Uhr
Einsatz-Summe:	5000 Euro
Ablauf-Zeit:	15.30 Uhr
Ablauf:	1292.317
G/V:	+ 3750 Euro

Protokoll

No:	007/17
Date:	25/09/17
Asset:	GOLD
Trade:	call
Strike:	1291.900
Strike Zeit:	14.33 Uhr
Einsatz-Summe:	5000 Euro
Ablauf-Zeit:	15.45 Uhr
Ablauf:	1292.405
G/V:	+ 3750 Euro

Protokoll

No:	008/17
Date:	25/09/17
Asset:	GOLD
Trade:	call
Strike:	1292.870
Strike Zeit:	15.16 Uhr
Einsatz-Summe:	5000 Euro
Ablauf-Zeit:	15.45 Uhr
Ablauf:	1292.405
G/V:	- 5000 Euro

Protokoll

No:	009/17
Date:	25/09/17
Asset:	GOLD
Trade:	call
Strike:	1292.641
Strike Zeit:	14.53 Uhr
Einsatz-Summe:	5000 Euro
Ablauf-Zeit:	16.15 Uhr
Ablauf:	1293.680
G/V:	+ 3750 Euro

Protokoll

No:	010/17
Date:	27/09/17
Asset:	GOLD
Trade:	call
Strike:	1285.290
Strike Zeit:	16.15 Uhr
Einsatz-Summe:	5000 Euro
Ablauf-Zeit:	16.45 Uhr
Ablauf:	1286.045
G/V:	+ 3750 Euro

Protokoll

No:	011/17
Date:	27/09/17
Asset:	GOLD
Trade:	call
Strike:	1285.739
Strike Zeit:	16.16 Uhr
Einsatz-Summe:	5000 Euro
Ablauf-Zeit:	16.45 Uhr
Ablauf:	1286.045
G/V:	+ 3750 Euro

Protokoll

No:	012/17
Date:	27/09/17
Asset:	GOLD
Trade:	call
Strike:	1285.471
Strike Zeit:	16.17 Uhr
Einsatz-Summe:	5000 Euro
Ablauf-Zeit:	16.45 Uhr
Ablauf:	1286.045
G/V:	+ 3750 Euro

Protokoll

No:	013/17
Date:	27/09/17
Asset:	GOLD
Trade:	call
Strike:	1285.955
Strike Zeit:	16.33 Uhr
Einsatz-Summe:	5000 Euro
Ablauf-Zeit:	16.45 Uhr
Ablauf:	1286.045
G/V:	+ 3750 Euro

Protokoll

No:	014/17
Date:	28/09/17
Asset:	GOLD
Trade:	call
Strike:	1284.015
Strike Zeit:	15.05 Uhr
Einsatz-Summe:	5000 Euro
Ablauf-Zeit:	15.45 Uhr
Ablauf:	1284.155
G/V:	+ 3750 Euro

Protokoll

No:	015/17
Date:	29/09/17
Asset:	GOLD
Trade:	call
Strike:	1285.440
Strike Zeit:	15.35 Uhr
Einsatz-Summe:	5000 Euro
Ablauf-Zeit:	15.45 Uhr
Ablauf:	1286.570
G/V:	+ 3750 Euro

Protokoll

No:	016/17
Date:	29/09/17
Asset:	GOLD
Trade:	call
Strike:	1285.430
Strike Zeit:	15.35 Uhr
Einsatz-Summe:	5000 Euro
Ablauf-Zeit:	15.45 Uhr
Ablauf:	1286.570
G/V:	+ 3750 Euro

Protokoll

No:	017/17
Date:	29/09/17
Asset:	GOLD
Trade:	call
Strike:	1285.481
Strike Zeit:	15.35 Uhr
Einsatz-Summe:	5000 Euro
Ablauf-Zeit:	15.45 Uhr
Ablauf:	1286.570
G/V:	+ 3750 Euro

Protokoll

No:	018/17
Date:	29/09/17
Asset:	GOLD
Trade:	call
Strike:	1285.560
Strike Zeit:	15.36 Uhr
Einsatz-Summe:	5000 Euro
Ablauf-Zeit:	15.45 Uhr
Ablauf:	1286.570
G/V:	+ 3750 Euro

Protokoll

No:	019/17
Date:	29/09/17
Asset:	GOLD
Trade:	call
Strike:	1285.665
Strike Zeit:	15.36 Uhr
Einsatz-Summe:	5000 Euro
Ablauf-Zeit:	15.45 Uhr
Ablauf:	1286.570
G/V:	+ 3750 Euro

<u>Protokoll</u>

No:	020/17
Date:	29/09/17
Asset:	GOLD
Trade:	call
Strike:	1284.975
Strike Zeit:	15.36 Uhr
Einsatz-Summe:	5000 Euro
Ablauf-Zeit:	15.45 Uhr
Ablauf:	1286.570
G/V:	+ 3750 Euro

Protokoll

No:	021/17
Date:	29/09/17
Asset:	GOLD
Trade:	call
Strike:	1285.178
Strike Zeit:	15.36 Uhr
Einsatz-Summe:	5000 Euro
Ablauf-Zeit:	15.45 Uhr
Ablauf:	1286.570
G/V:	+ 3750 Euro

Protokoll

No:	022/17
Date:	29/09/17
Asset:	GOLD
Trade:	call
Strike:	1285.300
Strike Zeit:	15.36 Uhr
Einsatz-Summe:	5000 Euro
Ablauf-Zeit:	15.45 Uhr
Ablauf:	1286.570
G/V:	+ 3750 Euro

Protokoll

No:	023/17
Date:	29/09/17
Asset:	GOLD
Trade:	call
Strike:	1285.315
Strike Zeit:	15.36 Uhr
Einsatz-Summe:	5000 Euro
Ablauf-Zeit:	15.45 Uhr
Ablauf:	1286.570
G/V:	+ 3750 Euro

WOCHEN-ERGEBNIS

Kalender-Woche: 39/17

Einzel-Ergebnis:

25/09/17	+ 13.750 Euro / 4 überschüssige Gewinn Trades
26/09/17	keine Trades
27/09/17	+ 15.000 Euro / 4 überschüssige Gewinn Trades
28/09/17	+ 3.750 Euro / 1 überschüssiger Gewinn Trade
29/09/17	+ 33.750 Euro / 9 überschüssige Gewinn Trades

Gesamt-Ergebnis:

+ 66.250 Euro Überschuss 18 Gewinn-Trades

Gold als sicherer Hafen

DER WERT DES GOLDES

Gold hat die Menschen seit jeher fasziniert. Gold wurde im 4. Jahrtausend vor Christus entdeckt und hat sich durch die Jahrhunderte als wichtigstes Werterhaltungsmittel bewährt. Seit der Antike gilt Gold als das Sinnbild für Reichtum und Macht und der Anreiz des gelblichen Edelmetalls hält bis in die Gegenwart an.

Der König der Metalle und das Metall der Könige sah Imperien aufgehen und zerfallen, durchstand Kriege und Finanzkrisen und ist bis heute das einzige Geld, das seine Kaufkraft über Jahrtausende weltweit erhalten konnte.

In einer Zeit, in der viele Menschen Zweifel über die Nachhaltigkeit unseres heutigen Währungs- und Bankensystems verspüren, hat die Goldpreisentwicklung erneut große Aufmerksamkeit gefunden.

Dieses Edelmetall ist optisch schön, relativ selten und nicht beliebig vermehrbar, außerdem hat Gold einen hohen Wert pro Einheit (Unze) und ist weltweit akzeptiert. Jährlich werden etwa 2000 – 5000 Tonnen

Gold gefördert, wobei ein Großteil für die Schmuckindustrie weiterverarbeitet wird. Weitere Verwendung findet Gold in der Industrie, zur Münzprägung, zur Geldanlage und im Gesundheitswesen.

Im Laufe der Geschichte wurde Gold in Form von Goldmünzen als Währungsmittel entdeckt. Bis 1914 war der Goldstandard obligatorisch und der Wert des Geldes war an den Goldpreis gekoppelt.

Dies war fast ein Jahrhundert lang der Garant für ein stabiles Wechselkurssystem zwischen den Währungen untereinander. Das Wichtigste dabei war, dass der Wert des Geldes immer am Gold gemessen wurde und nie das Gold am Wert des Geldes!

Mit dem Scheitern des Goldstandards wurden neben Gold auch der amerikanische Dollar und das britische Pfund Sterling zu eigentlichen Währungsreserven manipuliert. Gemessen am Stand von 1913 wo die Währung durch Gold gedeckt wurde, mussten in der Zwischenzeit alle Währungen erhebliche Verluste hinnehmen. Der Schweizer Franken, lange als stabilste Währung der Welt gehandelt, hat nicht einmal mehr ein Drittel des Wertes beibehalten den er damals hatte und der US Dollar stand schon mehrfach am Rande eines Kollapses und hat heute einen Restwert von nicht einmal mehr 10% des Wertes aus der Zeit des Goldstandards!

Da in den letzten 100 Jahren das sogenannte Buchgeld immer mehr an Bedeutung gewann, glaubte man, dass Gold als Anlageform mehr oder wenig überflüssig sei!

Wie sich das Papiergeld (meist ohne jegliche Deckung einfach von den Zentralbanken gedruckt und ausgegeben) eines ganzen Volkes von heute auf morgen in nichts auflösen lässt, zeigten bereits die Krise in Mexiko und auch die Krise in Argentinien. Nachdem dann die argentinische Führung aufgrund jahrelanger Misswirtschaft eine 155 Milliarden Staatsschuld hinterlassen hatte, griff sie einfach zu Bankenschließungen, Kontoeinfrierungen etc. und trotzdem versank der einst reiche Staat am La Plata in Armut und Anarchie.

ARGENTINIEN IST ÜBERALL !!!

Wie Sie unschwer erst kürzlich an der unvorstellbaren Dimension der Banken- und Finanzkrise weltweit erkennen konnten.

Eine normale Rückzahlung der Schulden der weltweit bis ins uferlose verschuldeten Staaten ist absolut illusorisch!!!

Die einzige Alternative die den Staaten verbleibt, ist die Möglichkeit mehr Geld zu drucken, welches wiederum ungedeckt ist und somit eine Gefahr von Rezession, Inflation bis hin zu einer Deflation nur noch fördert und verstärkt!

Eine Einschätzung der wirtschaftlichen und politischen Lage und Prognosen für die Zukunft sind momentan so schwierig wie zu jedem Zeitpunkt in der Geschichte. Seit langer Zeit aber durchleben wir wieder eine Phase des Zweifels an wirtschaftlichen und finanzpolitischen Grundprinzipien.

Dies gepaart mit der aktuellen weltpolitischen Brisanz, sieht sich der Anleger konfrontiert mit einer neuen und zugleich alten Herausforderung an die private Vermögenslage:

Der Sicherung des eigenen Vermögens !!

Eine wesentliche Rolle wird in diesem Zusammenhang eine Anlage spielen, die über die letzten zwanzig Jahre dem blinden Zukunftsglauben und Rendite Dogma zum Opfer fiel: **DAS GOLD.**

GOLD UND WIRTSCHAFTLICHE FREIHEIT

Eine geradezu hysterische Feindschaft gegen den Goldstandard verbindet Staats-Interventionisten aller Art.

Sie scheinen klarer und deutlicher als selbst viele Anhänger der freien Marktwirtschaft zu spüren, dass Gold und wirtschaftliche Freiheit unteilbar sind, dass der Goldstandard ein Attribut der freien Marktwirtschaft ist und dass sich beide gegenseitig bedingen und aufeinander angewiesen sind.

Um die Ursache ihrer Feindseligkeit zu begreifen, ist es zunächst einmal notwendig die genaue Rolle zu verstehen, welche Gold in einer freien Gesellschaft spielt.

Geld ist der gemeinsame Nenner aller wirtschaftlichen Transaktionen.

Es ist das Gut, welches als Tauschmittel verwendet wird, welches von allen Teilnehmern in einer Tauschgesellschaft für die Bezahlung ihrer Waren akzeptiert wird, und welches daher als Maßstab für den Marktwert und zur Wertaufbewahrung, also zum Sparen verwendet werden kann.

Die Existenz eines solchen Gutes ist die Voraussetzung für eine arbeitsteilige Gesellschaft.

Ohne ein Gut, welches als objektiver Wertmaßstab dient und allgemein als Geld akzeptiert wird, müssten sich die Menschen mit primitivem Tauschhandel begnügen oder wären gar gezwungen auf autarken Bauernhöfen ihr Leben zu fristen und auf die ungeheuren Vorteile der Arbeitsteilung zu verzichten.

Wenn es keine Möglichkeit der Wertaufbewahrung, also des Sparens gibt, so wären weder langfristiges Planen noch Austausch möglich.

Welches Tauschmittel für alle Wirtschaftsteilnehmer akzeptabel ist, kann nicht willkürlich festgelegt werden. Zunächst einmal sollte das Tauschmittel dauerhaft sein.

In einer primitiven Gesellschaft mit nur geringem Wohlstand könnte Weizen ausreichend »dauerhaft« sein, um als Tauschmittel zu dienen, da alle Tauschvorgänge nur während der Ernte oder unmittelbar danach stattfinden würden und keine Notwendigkeit bestünde Wert-Überschüsse aufzubewahren.

Aber sobald Wertaufbewahrung bedeutsam wird, wie es in zivilisierten und reicheren Gesellschaften der Fall ist, muss das Tauschmittel ein dauerhafter Rohstoff sein, üblicherweise ein Metall.

Ein Metall wird im Allgemeinen deshalb gewählt, weil es homogen und teilbar ist. Jede Einheit gleicht der anderen und es kann in beliebiger Menge verformt und legiert werden.

Edelsteine etwa sind weder homogen noch beliebig teilbar.

Noch wichtiger ist, dass um als Tauschmittel geeignet zu sein, das Gut ein Luxusgegenstand sein muss. Das menschliche Bedürfnis nach Luxus ist unbegrenzt weshalb Luxusgüter immer nachgefragt und auch immer akzeptiert werden. Weizen ist ein Luxusgut in einer unterernährten Gesellschaft, aber nicht in einer Wohlstandsgesellschaft.

Zigaretten würden normalerweise nicht als Geld akzeptiert werden, aber nach dem 2. Weltkrieg wurden sie in Europa als Luxusgut betrachtet. Der Begriff Luxusgut impliziert Knappheit und einen hohen Wert pro Einheit. Da es einen hohen Wert pro Einheit darstellt, lässt sich solch ein Gut leicht transportieren. Zum Beispiel hat eine Unze Gold den gleichen Wert wie eine halbe Tonne Roheisen.

In der Anfangsphase einer sich entwickelnden Geldgesellschaft werden oft mehrere Tauschmittel benutzt, da eine ganze Reihe von Gütern die beschriebenen Anforderungen erfüllen können.

Im Laufe der Zeit wird jedoch das Tauschgut welches die größte Akzeptanz findet, alle anderen verdrängen. Für die Funktion als Wertaufbewahrungsmittel wird sich die Nachfrage auf das am meisten akzeptierte Gut konzentrieren, was diesem wiederum noch mehr Akzeptanz einbringt.

Diese Entwicklung geht bis zu dem Punkt weiter, an dem dieses Gut zum einzigen Tauschmittel wird.

Der Gebrauch eines einzigen Tauschmittels hat große Vorteile, und zwar aus den gleichen Gründen wegen deren eine Geldwirtschaft einer Natural Tauschwirtschaft überlegen ist.

Es ermöglicht Austausch in einem ungleich größeren Ausmaß. Ob dieses eine Medium nun Gold, Silber, Muscheln, Vieh, oder Tabak ist, ist unterschiedlich und abhängig von dem Umfeld und dem Entwicklungsstand der jeweiligen Gesellschaft.

Tatsächlich wurden alle diese Güter zu verschiedenen Zeiten als Tauschmittel verwendet.

Sogar in unserem Jahrhundert wurden zwei bedeutende Güter, nämlich Gold und Silber, als internationales Tauschmittel benutzt, wobei Gold das beherrschende wurde.

Gold, das sowohl künstlerischen als auch funktionalen Gebrauch findet und relativ knapp ist, wurde immer als Luxusgut betrachtet.

Es ist dauerhaft, leicht zu transportieren, homogen, teilbar und hat deshalb bedeutende Vorteile gegenüber allen anderen Tauschmittel.

Vor Beginn des 1. Weltkrieges war es praktisch der einzige internationale Tauschstandard.

Wenn alle Güter und Dienstleistungen in Gold bezahlt werden müssten, wären große Zahlungen schwierig zu bewerkstelligen und dies wiederum würde bis zu einem gewissen Grade die Arbeitsteilung und Spezialisierung in einer Gesellschaft begrenzen. Die logische Fortsetzung der Entwicklung eines Tauschmittels ist es daher, ein Banksystem und Kreditmittel (Banknoten und Einlagen) zu entwickeln, die als Stellvertreter funktionieren, aber in Gold eintauschbar sind. Ein freies, auf Gold basierendes Banksystem ist in der Lage, Kredit zu gewähren und so entsprechend den Produktionserfordernissen der Wirtschaft Banknoten (Währung) und Guthaben zu schöpfen. Individuelle Goldbesitzer werden durch Zinszahlungen dazu veranlasst, ihr Gold in einer Bank einzulegen, worauf sie Schecks ziehen können.

Und da in den seltensten Fällen alle Einleger ihr Gold zur gleichen Zeit abziehen wollen, muss der Bankier nur einen Teil der gesamten Einlage in Gold als Reserve vorhalten. Dies ermöglicht es dem Bankier, mehr als seine tatsächlich physisch vorhandenen Goldeinlagen auszuleihen (d.h., er hält Forderungen auf Gold statt wirklichem Gold als Sicherheit für seine Einlagen). Aber die Beträge, die er ausleihen kann, sind nicht unbegrenzt. Sie müssen in einem tragbaren Verhältnis zu seinen Reserven und dem aktuellen Stand seiner Investitionen stehen.

Wenn Banken Geld ausleihen, um produktive und profitable Unternehmen zu finanzieren, werden die Darlehen rasch zurückgezahlt und Bankkredit ist weiterhin allgemein verfügbar. Wenn aber die mit Bankkredit finanzierten Geschäfte weniger profitabel sind und nur langsam zurückgezahlt werden, spüren die Banken schnell, dass ihre ausstehenden Darlehen zu hoch sind im Verhältnis zu ihren Goldreserven und sie fangen an, mit neuen Ausleihungen zurückhaltender zu sein, üblicherweise, indem sie höhere Zinsen berechnen. Dies begrenzt die Finanzierung neuer Unternehmungen und erfordert von den bestehenden Schuldnern, dass sie ihre Gewinnsituation verbessern, bevor sie Kredite für weitere Expansionen bekommen können.

Daher wirkt unter dem Goldstandard ein freies Banksystem als Hüter von ökonomischer Stabilität und ausgeglichenem Wachstum.

Wenn Gold von den meisten oder gar allen Nationen als Tauschmittel akzeptiert wird, so begünstigt und fördert ein unbehinderter freier Goldstandard die weltweite Arbeitsteilung und internationalen Handel.

Obwohl die Tauscheinheiten (Dollar, Pfund, Franc etc.) von Land zu Land unterschiedlich sind, so funktionieren die Wirtschaften der einzelnen Länder doch wie eine einheitliche Wirtschaft, sofern alle Einheiten in Gold definiert sind und es keine Behinderungen für Handel und freie Kapitalbewegungen gibt.

Kredite, Zinsen und Preise verhalten sich dann in allen Ländern ähnlich. Wenn zum Beispiel die Banken in einem Land zu großzügig Kredit gewähren, so gibt es in diesem Land eine Tendenz zu fallenden Zinsen, was die Goldbesitzer veranlasst, ihr Gold zu Banken in anderen Ländern zu verlagern, wo es höhere Zinsen bringt.

Dies wird unmittelbar zu einer Knappheit an Bankreserven in dem Land mit den lockeren Kreditbedingungen führen, was wiederum zu strengeren Kreditbedingungen und zu einer Rückkehr zu wettbewerbsgerechten höheren Zinsen führt.

Ein vollkommen freies Banksystem und ein konsequenter Goldstandard wurden bisher noch nie verwirklicht. Aber vor dem 1. Weltkrieg war das Banksystem in den Vereinigen Staaten (und dem größten Teil der Welt) auf Gold gegründet, und obwohl es gelegentliche Interventionen von Seiten des Staates gab, war das Bankgeschäft doch überwiegend frei und unkontrolliert.

Gelegentlich hatten sich die Banken, aufgrund zu schneller Kreditexpansion, bis an die Beleihungsgrenzen ihrer Goldreserven exponiert, worauf die Zinssätze scharf anzogen, neue Kredite nicht gewährt wurden und die Wirtschaft in eine scharfe, aber kurze Rezession fiel (im Vergleich zu den Depressionen von 1920 und 1932 waren die Konjunkturabschwünge vor dem 1. Weltkrieg mild).

Es waren die begrenzten Goldreserven, die eine ungleichmäßige Ausweitung der Geschäftstätigkeit stoppten, bevor sie sich zu solchen Desastern entwickeln konnten, wie sie dann nach dem ersten

Weltkrieg auftraten. Die Korrekturphasen waren kurz und die Wirtschaft fand schnell wieder eine gesunde Basis für weitere Expansion.

Aber der Heilungsprozess wurde als Krankheit fehlinterpretiert.

Wenn der Mangel an Bankreserven einen Konjunkturabschwung bewirkt - so argumentierten die Wirtschaftsinterventionisten – warum finden wir dann nicht einen Weg, um den Banken zusätzliche Reserven zur Verfügung zu stellen, so dass sie nie knapp werden können!

Wenn die Banken unbegrenzt fortfahren können, Geld zu verleihen - so wurde behauptet - müsse es nie mehr Konjunkturabschwünge geben. Und so wurde 1913 das Federal Reserve System geschaffen.

Es bestand aus 12 regionalen Federal Reserve Banken, die nominal zwar privaten Bankiers gehörten, tatsächlich jedoch vom Staat gefördert, kontrolliert und unterstützt wurden. Von diesen Banken geschöpfter Kredit wird in der Praxis (wenn auch nicht gesetzlich) von der Steuerkraft der Bundesregierung unterlegt.

Rein technisch gesehen blieb der Goldstandard erhalten; Privatpersonen war es noch erlaubt, Gold zu besitzen und Gold wurde auch noch als Bankreserve benutzt.

Aber jetzt konnte zusätzlich zum Gold auch noch von den Federal Reserve Banken geschöpfter Kredit (Papiergeldreserven) als legales Zahlungsmittel dienen, um Einleger auszuzahlen.

Als die Konjunktur in den Vereinigten Staaten 1927 einen leichten Rückschlag erlitt, schöpfte die Federal Reserve zusätzliche Papiergeldreserven in der Hoffnung, damit jeder Knappheit an Bankreserven zuvorzukommen. Noch verheerender jedoch war der Versuch der Federal Reserve, Großbritannien zu helfen, welches Gold an die USA verloren hatte, weil die Bank von England sich weigerte, die Zinsen steigen zu lassen, wie es die Marktlage eigentlich erfordert hätte (es war politisch unerwünscht). Die Argumentation der beteiligten Behörden war wie folgt:

Wenn die Federal Reserve massiv Papiergeldreserven in das amerikanische Banksystem pumpen würde, so würden die Zinsen in den Vereinigten Staaten auf ein mit Großbritannien vergleichbares Niveau fallen. Dies würde dazu führen, dass die englischen Goldabflüsse gestoppt und mit einer Zinsanhebung verbundenen politischen Unannehmlichkeiten vermieden würden.

Die »Fed« hatte Erfolg: Sie stoppte die Goldverluste, aber gleichzeitig brachte sie die Weltwirtschaft an den Rande des Abgrunds. Die überschüssigen Geldmengen, welche die »Fed« in die Wirtschaft pumpte, flossen in den Aktienmarkt und lösten einen fantastischen spekulativen Aktienboom aus.

Verspätet versuchte die Führung der Federal Reserve die überschüssigen Reserven vom Markt zu nehmen und schließlich gelang es ihnen, den Boom zu bremsen. Aber es war zu spät: 1929 waren die spekulativen Ungleichgewichte bereits so massiv, dass dieser Versuch den bereits einsetzenden scharfen Konjunktureinbruch nur noch beschleunigte. Das Ergebnis war ein Kollaps der amerikanischen Wirtschaft.

Großbritannien erging es noch schlechter und statt die vollen Konsequenzen der vorherigen Fehlentscheidungen zu akzeptieren, gab es 1931 den Goldstandard komplett auf und zerstörte somit endgültig das Netz von Vertrauen, das noch geblieben war, was zu einer weltweiten Serie von Bankzusammenbrüchen führte.

Die Weltwirtschaft versank in der großen Depression der 30er Jahre.

Mit der gleichen Logik, welcher sie sich zuvor bereits bedient hatten, argumentierten die Interventionisten nunmehr, dass in erster Linie er Goldstandard verantwortlich war für das Debakel, das die große Depression ausgelöst hatte. Wenn der Goldstandard nicht existiert hätte, so behaupteten sie, hätte Englands Abgehen von Goldzahlungen im Jahre 1931 nicht die Bankzusammenbrüche in der ganzen Welt verursacht. (Die Ironie dabei war, dass seit 1913 in den USA kein Goldstandard, sondern allenfalls etwas was man als »gemischten Goldstandard« bezeichnen könnte existierte, gleichwohl wurde die Schuld aufs Gold geschoben.

Aber die Feindschaft gegen den Goldstandard in jeglicher Form durch eine wachsende Zahl von Wohlfahrtsstaat-Befürwortern wurde von einer ganz anderen Einsicht verursacht - nämlich der Erkenntnis, dass der Goldstandard unvereinbar ist mit chronischen Haushaltsdefiziten (dem Kennzeichen von Wohlfahrtsstaaten).

Wenn man den Schleier der akademischen Phraseologie einmal wegzieht, erkennt man, dass der Wohlfahrtsstaat nichts weiter als ein Mechanismus ist, mit welchem der Staat das Vermögen der produktiven Mitglieder einer Gesellschaft konfisziert, um damit zahlreiche Wohlfahrtsprojekte zu finanzieren. Ein großer Teil der Vermögenskonfiskation erfolgt in Form von Steuern. Aber die Wohlfahrtsbürokraten erkannten, dass die Steuerlast begrenzt werden musste, wenn sie an der Macht bleiben wollten. Ihre Alternative war massive Staatsverschuldung, d.h. sie müssen durch das Auflegen von Staatsanleihen Geld borgen, um damit die enormen Wohlfahrtsausgaben zu finanzieren.

Unter einem Goldstandard wird die Menge an Kredit, den eine Wirtschaft verkraften kann, von den realen Sachwerten der Wirtschaft begrenzt, weil jeder Kredit letztlich ein Anspruch auf einen realen Sachwert ist.

Aber Staatsanleihen sind nicht durch reale Sachwerte unterlegt, sondern nur durch das Regierungsversprechen, aus künftigen Steuereinnahmen zu bezahlen.

Sie können daher nicht so ohne weiteres von den Finanzmärkten aufgenommen werden. Eine große Menge neuer Staatsanleihen kann der Öffentlichkeit nur zu ständig steigenden Zinssätzen verkauft werden. Deshalb ist die mögliche staatliche Schuldenaufnahme unter einem Goldstandard sehr begrenzt. Die Abschaffung des Goldstandards ermöglichte es den Verfechtern des Wohlfahrtsstaates, das Banksystem für eine unbegrenzte Kreditausweitung zu missbrauchen.

In Form von Staatsanleihen erzeugten sie Papiervermögen, welches die Banken, nach einem komplizierten Verfahren, wie Realvermögen als Sicherheit akzeptieren, gleichsam als Ersatz für das was früher eine Einlage in Gold war. Der Inhaber einer Staatsanleihe oder eines auf Papiergeld gegründeten Bankguthabens glaubt, dass er einen gültigen Anspruch auf reale Werte hat. In Wirklichkeit sind aber mehr Ansprüche auf Realwerte im Umlauf, als Realwerte vorhanden sind.

Das Gesetz von Angebot und Nachfrage lässt sich nicht aufheben. Wenn das Angebot an Geld (Ansprüchen) im Verhältnis zum Angebot von realen Gütern in der Wirtschaft steigt, müssen die Preise unweigerlich steigen. Das heißt, Erträge die von den produktiven Teilen der Gesellschaft erspart wurden, verlieren in Gütern ausgedrückt an Wert.

Unter dem Strich der Bilanz ergibt sich dann, dass dieser Verlust genau den Gütern entspricht, die von der Regierung zu Wohlfahrts- und anderen Zwecken erworben wurden mit dem Geld aus Staatsanleihen, die über Kreditexpansion der Banken finanziert wurden.

Ohne Goldstandard gibt es keine Möglichkeit, Ersparnisse vor der Enteignung durch Inflation zu schützen. Es gibt dann kein sicheres Wertaufbewahrungsmittel mehr. Wenn es das gäbe, müsste die Regierung seinen Besitz für illegal erklären, wie es ja im Falle von Gold ja auch tatsächlich geschah.* Wenn z. B. jedermann sich entscheiden würde, all seine Bankguthaben in Silber, Kupfer oder ein anderes Gut zu tauschen und sich danach weigern würde, Schecks als Zahlung für Güter zu akzeptieren, würden Bankguthaben ihre Kaufkraft verlieren und Regierungsschulden würden kein Anspruch auf Güter mehr darstellen. Die Finanzpolitik des Wohlfahrtsstaates macht es erforderlich, das es für Vermögensbesitzer keine Möglichkeit gibt, sich zu schützen.

Dies ist das schäbige Geheimnis, das hinter der Verteufelung des Goldes durch die Verfechter des Wohlfahrtsstaates steht.

Staatsverschuldung ist schlicht und ergreifend ein Mechanismus für die »versteckte« Enteignung von Vermögen. Gold verhindert diesen heimtückischen Prozess. Es schützt Eigentumsrechte.

Wenn man das erst einmal begriffen hat, ist die Feindschaft der Wohlfahrtsstaatsverfechter gegen den Goldstandard nicht mehr schwer zu verstehen. (Quelle: The Objectivist, Juli 1966; deutsche Übersetzung von Reinhard Deutsch, bearbeitet von Gerhard Grasruck) aus der Hand von Allen Greenspan, ehemaliger Vorsitzender der Federal Reserve Bank von Amerika.

DIE GOLDPREISENTWICKLUNG

Das Anlegen finanzieller Mittel in Gold folgt in der Regel dem Wunsch eine krisensichere und inflationssichere Investition tätigen zu wollen. Langfristig gesehen sind die damit erzielten Renditen jedoch eher gering. Die Goldpreisentwicklung der letzten Jahre zeigt jedoch einen ansteigenden Goldkurs. Dank der hohen Nachfrage stieg auch der Goldpreis entsprechend an.

Mittlerweile ist der Goldpreis wieder etwas gefallen, aber die kommende Goldpreisentwicklung bleibt weiterhin interessant. 2009 fuhren die Gold-Anleger üppige Gewinne ein. Ob der Goldpreis auch in 2015 so stark steigt, hängt von verschiedenen Faktoren ab. Aktuell weist die Goldpreisentwicklung eine typische Konsolidierung auf.

Eine zuverlässige Prognose über den Goldkurs ist nie sonderlich leicht abzugeben. Die aktuelle Goldpreisentwicklung ist im Augenblick offensichtlich jedoch stark an die Entwicklung des US-Dollars gekoppelt.

So zeigte der Goldpreis in letzter Zeit eine hohe Korrelation zu dem Währungspaar EUR/USD. Der Goldpreis wird also voraussichtlich fallen, sobald der US-Dollar dem Euro gegenüber stärker wird.

Damit wäre auch der aktuelle Aufwärtstrend gebrochen.

Dennoch spielt die Entwicklung des US-Dollars für Gold-Anleger in der EU eine eher geringe Rolle. Dies liegt auch daran, dass ein Wertzuwachs des US-Dollars Verluste des Referenzgoldpreises ausgleichen könnte. Damit wäre die Goldpreisentwicklung in der EU eher positiv.

Anleger, die aus dem Dollar-Raum kommen, können ebenfalls von dem aktuellen Goldkurs profitieren, sofern sie eine gewisse Risikobereitschaft haben. Die Einstiegschancen sind derzeit in Bezug auf den Goldpreis recht interessant. Denn wenn der Dollar tatsächlich wieder steigt, sind für diese Anleger recht hohe Gewinne in kurzer Zeit möglich. Das Risiko sollte jedoch, gänzlich unabhängig von der tatsächlichen Goldpreisentwicklung, stets im Auge behalten werden.

Der Goldpreis hängt natürlich sehr stark von der Nachfrage ab. In Zeiten, in denen Flugblätter und Werbeaufrufe um die Zusendung von Altgold bitten, sind in der Regel auch die, in denen eine besonders hohe Nachfrage nach dem edlen Metall besteht. Anleger, die das Gold, in das sie investiert haben, gern als Realwert haben möchten, müssen unter Umständen recht lange Wartezeiten in Kauf nehmen.

Ein steigender Geldbedarf der USA und eine eventuell daraus resultierende Inflation würden die Nachfrage und somit auch die Goldpreisentwicklung wieder ankurbeln. Daraus könnte sich sogar ein Inflationsschock ergeben. Der Goldkurs ist bislang aber nicht so stark schwankend, wie zunächst befürchtet. Allerdings steigt der Goldpreis wieder stark an, sollten Anleger, wie zum Beispiel China, eine immense Aufstockung ihrer Goldreserven vornehmen.

Die Goldpreisentwicklung hängt noch von zusätzlichen Faktoren ab. Nicht nur Angebot und Nachfrage bestimmen den Goldpreis, sondern auch kurzfristig eintretende Ereignisse oder Spekulationen.

Selbst Emotionen sind dazu geeignet, den Goldpreis in die Höhe oder in die Tiefe zu treiben.

Langfristige Erwartungen in die Goldpreisentwicklung beeinflussen die Investition in Gold außerdem. Auch der Ölpreis ist bekannt auf seinen Einfluss des Goldpreises.

Natürlich üben auch Investoren mit sehr großen Goldreserven wie zum Beispiel Zentralbanken, einen massiven Einfluss auf den Goldpreis aus. So verleihen die Marktteilnehmer mit großen Goldreserven beispielsweise Gold, um den Goldpreis zu drücken. Oder sie kaufen sehr viel Gold auf, um den Goldpreis zu erhöhen.

Der Goldpreis ist aufgrund der wechselnden Einflüsse, die sich auf Angebot und Nachfrage unmittelbar auswirken, als volatil zu bezeichnen.

Schon aus diesem Grund ist eine langfristige Prognose der Goldpreisentwicklung auch Experten nicht möglich.

Gold ist grundsätzlich eine langfristige Wertanlage, insbesondere zu Krisen- oder Inflationszeiten. Sobald nämlich die Kurse für Aktien, Immobilien oder Fonds fallen, steigt automatisch der Goldkurs.

Gleichzeitig büßt Geld an sich viel von seinem Wert ein, da es in solchen Zeiten in großen Mengen von den Zentralbanken produziert wird.

Dies ist notwendig, um die Wirtschaft zu stabilisieren, führt jedoch zu einer starken Wertminderung. Da Gold nicht künstlich hergestellt werden kann, bleibt es wertvoll und fungiert als eigene Währung.

Zu beobachten war der Goldankauf auch von Privatanlegern in Folge der neuesten Krise. Das verlorene Vertrauen in Regierungen, Banken und Papiergeld führte zu einem drastischen Anstieg des Goldkaufs. Aktuell deutet alles auf einen Aufwärtstrend hin.

GOLDPREISENTWICKLUNG HISTORISCH BIS 2012

Goldpreisentwicklung 1973 bis 2012 (USD)

Jahr	Jahreshoch	Jahrestief	Durchschnitt	Performance
1973	127,00 USD	63,90 USD	97,87 USD	%
1974	195,25 USD	116,50 USD	158,70 USD	62,15 %
1975	185,25 USD	128,75 USD	161,05 USD	1,48 %
1976	140,35 USD	103,50 USD	124,73 USD	-22,55 %
1977	167,95 USD	129,75 USD	147,85 USD	18,53 %
1978	242,75 USD	160,90 USD	193,44 USD	30,84 %
1979	512,00 USD	216,85 USD	304,56 USD	57,44 %
1980	850,00 USD	481,50 USD	613,88 USD	101,56 %
1981	599,25 USD	391,25 USD	459,61 USD	-25,13 %
1982	481,00 USD	296,75 USD	374,79 USD	-18,45 %
1983	509,25 USD	374,50 USD	423,58 USD	13,02 %
1984	405,85 USD	307,50 USD	360,51 USD	-14,89 %
1985	340,90 USD	284,25 USD	317,08 USD	-12,05 %
1986	438,10 USD	326,30 USD	367,73 USD	15,97 %
1987	499,75 USD	390,00 USD	446,10 USD	21,31 %
1988	483,90 USD	395,30 USD	436,88 USD	-2,07 %
1989	415,80 USD	355,75 USD	380,80 USD	-12,84 %

1990	423,75 USD	345,85 USD	383,44 USD	0,69 %
1991	403,00 USD	344,25 USD	362,22 USD	-5,53 %
1992	359,60 USD	330,25 USD	343,91 USD	-5,06 %
1993	405,60 USD	326,10 USD	359,94 USD	4,66 %
1994	396,25 USD	369,65 USD	384,14 USD	6,72 %
1995	395,55 USD	372,40 USD	384,04 USD	-0,02 %
1996	414,80 USD	367,40 USD	387,84 USD	0,99 %
1997	362,15 USD	283,00 USD	330,98 USD	-14,66 %
1998	313,15 USD	273,40 USD	294,12 USD	-11,14 %
1999	325,50 USD	252,80 USD	278,57 USD	-5,29 %
2000	312,70 USD	263,80 USD	279,24 USD	0,24 %
2001	293,25 USD	255,95 USD	271,08 USD	-2,92 %
2002	349,30 USD	277,75 USD	309,68 USD	14,24 %
2003	416,25 USD	319,90 USD	363,32 USD	17,32 %
2004	454,20 USD	375,00 USD	409,17 USD	12,62 %
2005	536,50 USD	411,10 USD	444,45 USD	8,62 %
2006	725,00 USD	524,75 USD	603,77 USD	35,85 %
2007	841,10 USD	608,40 USD	695,22 USD	15,15 %
2008	1.011,25 USD	712,50 USD	871,34 USD	25,33 %
2009	1.212,50 USD	810,00 USD	972,36 USD	11,59 %
2010	1.421,34 USD	1.058,00 USD	1.227,33 USD	26,22 %
2011	1.908,79 USD	1.312,83 USD	1.572,94 USD	28,16%

Weitere nützliche Informationen zu Gold und anderen Edelmetallen können Sie folgender Webseite entnehmen:

www.gold.de

Als absolut zuverlässiges Unternehmen für den Kauf von Gold und Edelmetallen allgemein, über den Onlineshop, wie auch in den entsprechenden Zweigstellen, ist mit Abstand die Firma Degussa:

www.degussa-goldhandel.de

Mittlerweile können Sie bei den Filialen der Degussa auch Schließfächer anmieten um Ihre Edelmetalle dort einzulagern. Alternativ können Sie aber auch die Lager (auch zollfrei) der Degussa selbst für Ihre Edelmetalle nutzen und Ihre dort gekauften Edelmetalle einlagern lassen. Degussa hat keine Sammellagerung sondern Ihre Edelmetalle werden nur für Sie mit einer eigenen Lagernummer eingelagert!

Alternativ können Sie bei nachfolgender Firma in London Edelmetalle kaufen und weltweit einlagern und auch inh. des Systems an Kunden der Firma untereinander verkaufen:

www.bullionvault.com

KAPITEL 2
Binäre Optionen

Eine **binäre Option** (auch: *digitale Option*) ist ein Finanzderivat das von Optionen abgeleitet ist, zu den exotischen Optionen zählt und zur Kategorie der Termingeschäfte gehört.

Bei binären Optionen können nur zwei Szenarien eintreten: Tritt ein zuvor definiertes Ereignis ein, erhält der Käufer einen festgelegten Betrag, andernfalls verfällt die Option *wertlos*. Als Basiswerte kommen – wie bei klassischen Optionsscheinen auch – Indizes, Aktien, Währungspaare oder auch Rohstoffe in Frage. Es kann dann auf fallende oder steigende Kurse spekuliert werden.

Ebenso wie bei klassischen Optionsscheinen existieren binäre Kaufs- und Verkaufsoptionen in amerikanischer und europäischer Variante.

Die *Cash-or-Nothing-Option* schüttet am Laufzeitende einen vorher festgelegten Betrag aus, wohingegen die *Asset-or-Nothing-Option* den Preis des Basiswertes auszahlt oder diesen selbst andient. Im Gegensatz zu klassischen Optionen hat der Trader also keine Möglichkeit die Option während der Laufzeit auszuüben.

Binäre Optionen wurden lange Zeit außerbörslich gehandelt, also direkt vom Aussteller an den Käufer vergeben. Für diese Form exotischer Optionen gab es keinen liquiden Markt für den Handel. Sie waren aber häufig in komplexere Optionen-Verträge eingebettet. Seit 2008 stellen Online-Plattformen vereinfachte Versionen börsengehandelter binärer Optionen. Die Plattformen bieten standardisierte Kurzzeit-Optionen an, die eine vordefinierte Auszahlung bzw. Verlust auf jede Option festlegen. Sie können sich prinzipiell auf alle börsennotierten Produkte, inklusive Devisen beziehen. Typischerweise kann eine solche Option während der Laufzeit nicht liquidiert werden, es sei denn der Broker bzw. die Plattform erlaubt solch ein Vorgehen. 2007 hatte die US-amerikanische Options Clearing Corporation vorgeschlagen, diese Optionen zu erlauben. Die Securities and Exchange Commission hat daraufhin Cash-Or-Nothing Binäroptionen im Jahr 2008 erlaubt. Seit Mai 2008 bietet der American Stock Exchange Europäische cash-or-nothing Binäroptionen an. Auch am Chicago Board Options Exchange (CBOE) werden sie seit Juni 2008 gehandelt. Die Standardisierung von binären Optionen bildet die Basis für den Handel an der amerikanischen Börse mit laufender Quotierung des Preises.

Binäre Optionen werden auch im außerbörslichen OTC-Handel angeboten. Seit 2012 wird der Handel mit binären Optionen auf Zypern (wo sich sehr viele dieser Handelsplattformen befinden) durch die Cyprus Securities and Exchange Commission (CySEC) reguliert. 2013 zog auch Malta nach, wo binäre Optionen bisher von der Glücksspielbehörde verwaltet wurden. Die beiden Länder sind damit die ersten, die binäre Optionen als Finanzinstrumente im Sinne der EU-Richtlinie MiFiD gesetzlich regeln. Die Regulierungen beim Handel mit binären Optionen sollen Fairplay garantieren.

Wie Sie bereits wissen sind Binäre Optionen extrem kurzlaufende Optionen mit denen spekulativ orientierte Trader die Möglichkeit haben in wenigen Minuten Erträge bis zu 75 Prozent auf das eingesetzte Kapital zu erzielen. Dazu müssen Sie lediglich vorhersagen ob beispielsweise der Goldpreis, der DAX oder der S&P 500 am Ende einer jeweiligen Handelsstunde höher oder tiefer steht als zum Abgabezeitpunkt ihrer Option. Kurzum, für den Handel mit Binären Optionen sind keinerlei Vorkenntnisse erforderlich. Das Beachten von ein paar einfachen Regeln kann jedoch auch hier einen wesentlichen Unterschied ausmachen, und die Wahrscheinlichkeit für einen erfolgreichen Trade mit Binären Optionen deutlich erhöhen. Deswegen habe ich Ihnen heute mal meine wesentlichen Verhaltensregeln hier zusammen gestellt.

Die Laufzeiten der Optionen betragen wahlweise 60 Sekunden, 15 Minuten, 30 Minuten, 1 Stunde oder aber bis zum Ende des jeweiligen Handelstages, je nach Anbieter. Der Mindesteinsatz beträgt je nach Broker 1 - 25 Euro pro Trade. Der Mindestbetrag den Sie auf das Handelskonto einbezahlen können liegt meist bei 200 Euro.

Um Ihnen den Einstieg in den Handel so einfach wie möglich zu gestalten, werde ich Ihnen hier das Basis-Wissen vermitteln mit dem Sie sofort in den Handel starten können, ohne dass Sie in die Fallen treten, die den meisten Anfängern schon zu Beginn das Handeln vermiesen.

Bevor man mit Binären Optionen Erfahrungen sammelt, sollte man sich erst einmal anschauen, worum es eigentlich genau geht. Binäre Optionen, häufig auch als Digitale Optionen bezeichnet, erfreuen sich als Trading-Instrumente zunehmender Beliebtheit. Ein Grund dafür ist die ***einfache Funktionsweise und Handhabung*** dieser Finanzinstrumente. Auch ein wesentlicher Unterschied zum klassischen Optionshandel ist insbesondere für Einsteiger attraktiv – das geringe finanzielle Risiko und die hervorragende Skalierbarkeit. Für klassische börsengehandelte Optionen sind häufig hohe Optionsprämien zu bezahlen – dagegen kann man schon mit wenigen Euro Einsatz Binäre Optionen handeln.

Der Handel mit binären Optionen

Im Handel mit binären Optionen trifft der Trader eine Richtungsentscheidung bezüglich der künftigen Kursentwicklung eines bestimmten Assets, welches als sogenannter Basiswert für die Binäre Option dient. Als Basiswerte stehen meist Forex Währungspaare wie zum Beispiel Euro/Dollar, aber auch Aktien, Indizes und Rohstoffe zur Verfügung. Besonders beliebt sind Spekulationen auf die Kursentwicklungen der wichtigsten Währungen, also Euro, Dollar und Britische Pfund. Aber auch Rohstoffe wie Gold oder Öl bieten immer wieder interessante Trading Chancen. Praktisch alle führenden Broker haben eine große Auswahl an Forex Währungspaaren im Programm. Geht man als Trader von steigenden Kursen aus, so kauft man eine Call-Option.

Mit Put-Optionen wird entsprechend auf fallende Kurse gesetzt.

Der Markt für binäre Optionen hat einen großen Vorteil gegenüber anderen Finanzmärkten, da die Höhe der Preisbewegungen eines Vermögenswerts keinen Effekt auf die endgültige Auszahlung hat, weil der Pay-out für binäre Optionen keine Rolle spielt, egal wie sehr der Preis sich bewegt hat. Alles was ein Händler tun muss, ist festzustellen, wie er den richtigen Vermögenswert für seinen Handel auswählen kann als auch zu bestimmen, in welche Richtung der Preis sich bewegt, und bei Ablauf des Verfallsdatums, ob der Preis höher oder niedriger liegt als der aktuelle Preis.

Wie können Sie aus den vielen verschiedenen Vermögenswerten wie Aktien, Währungen, Rohstoffen und Indizes den richtigen Vermögenswert für den Handel auswählen? Diese Entscheidung basiert auf Kenntnissen, wie sich bestimmte Arten von Vermögenswerten unter bestimmten Marktbedingungen verhalten. Volatile Märkte sind die besten Märkte zum Handeln, da sich bei volatilen Marktbedingungen die Vermögenswerte schnell nach oben oder unten bewegen, während es bei normalen Marktbedingungen nur wenige Vermögenswerte gibt, die eine hohe Leistung erbringen. Sie müssen die aktuellen Marktbedingungen, die die besten Ergebnisse erzielen sorgfältig auswählen.

Die Anlageklasse mit der wahrscheinlich höchsten Volatilität ist wohl der Devisenmarkt, auf dem Währungen gehandelt werden. Es gibt mehrere Währungspaare, die als binäre Optionen gehandelt werden, EUR/USD, NZD/USD und JPY/USD sind die Währungspaare mit der höchsten Liquidität und damit auch der höchsten Volatilität. Sie könnten auch CHF/USD und EUR/USD in die entgegengesetzte Richtung handeln, da diese Paare negativ korreliert sind. Wenn Wirtschaftsnachrichten veröffentlicht werden, ist die beste Zeit für den Handel mit binären Optionen auf Währungen.

Binäre Optionen auf Rohstoffe haben nicht die gleichen Eigenschaften wie binäre Optionen auf Währungen, denn die zugrunde liegenden Vermögenswerte wie Gold, Öl und Silber usw. werden in der Zukunft gehandelt. Dies führt zu einer Reduktion der Volatilität. Wenn Sie jedoch die Vertragslaufzeiten des Basiswertes sehen, werden Sie feststellen, dass Rohstoffe mit binären Optionen gut zu Beginn der Vertragslaufzeit des Tages zu handeln sind.

Es gibt viele populäre Aktien, die als binäre Optionen gehandelt werden können. Aktien wie IBM, Microsoft und Google sind alle sowohl von Wirtschaftsnachrichten als auch Unternehmensberichten betroffen. Die beste Zeit für den Handel mit binären Optionen in Aktien ist, wenn die Bilanz der jeweiligen Firma, mit der Sie handeln möchten, bekannt gegeben wird.

Auch die Index-Märkte sind, ähnlich den Devisenmärkten, sehr flüchtig, da der Index im Wesentlichen ein Bündel von Vermögenswerten darstellt und nicht nur ein einziger Vermögenswert ist. Die Märkte sind 24h täglich geöffnet. Obwohl es sich um elektronische Märkte handelt, dauert es einige Zeit, bis sich verschiedene Ereignisse aus Finanz-Nachrichten oder aus Unternehmensmeldungen bemerkbar machen. Der beste Weg, um binäre Optionen mit Indizes zu handeln, ist diese bei großen Ankündigungen über eine Aktie oder Aktien aus einem bestimmten Index zu handeln.

Wie Sie sehen können, ist es wichtig für Sie die Eigenschaften der verschiedenen Anlageklassen zu verstehen, um zu wissen, wie Sie sich unter verschiedenen Marktbedingungen verhalten können.

Offensichtlicher Vorteil: Rendite und Risiko klar definiert

Liegt der Trader mit seiner Markteinschätzung richtig, dann befindet sich die Option am Ende der Laufzeit im Geld und es wird eine vorab definierte Rendite ausbezahlt. Dementsprechend ist in den USA auch die Bezeichnung »Fixed Return Options« (FROs) gängig. Im konträren Szenario liegt die Option aus dem Geld und verfällt wertlos oder es wird, abhängig vom Broker, eine teilweise Rückzahlung des Einsatzes als Verlustabsicherung gewährt. Die erzielbaren Renditen und auch die angebotene Rückzahlung variieren zwischen den einzelnen Anbietern teilweise beträchtlich. In der Regel liegt der erzielbare Profit im klassischen Call/Put-Handel zwischen 65% und 90%.

Gerüchte und Vorurteile beim Handel mit Binären Optionen

Viele Menschen glauben, dass der erfolgreiche Handel mit binären Optionen nur von einer großen Portion Glück abhängt. Dies ist nicht der Fall, obwohl es manchmal in letzter Minute extreme Veränderungen der Preise gibt. Wenn Sie Handelsstrategien erlernen, sind Sie in der Lage, das Preisverhalten eines Vermögenswertes ziemlich genau vorherzusagen und damit einen Gewinn auf Ihre Positionen zu machen. Sie müssen kein Finanz-Guru sein, um erfolgreich mit binären Optionen zu handeln. Wenn Sie den richtigen Ansatz für den Handel mit binären Optionen haben, kann dies eine wunderbare Methode zur Steigerung Ihres Einkommens sein. Sie müssen nur positiv sein und gerne etwas Zeit damit verbringen, die Eigenschaften des binären Handels zu erlernen. Binäre Optionen wurden als einfacher Anlageweg im Vergleich zu anderen, konventionellen Märkten wie den Devisen-und Rohstoffmärkten, entwickelt.

Jeder kann mit binären Optionen handeln. Der Handel ist jedoch nicht für Investoren mit einer »Spieler-Mentalität« geeignet, da diese, so wie die meisten

Spieler, am Ende eine Menge Geld verlieren. Denn alles, was sie den ganzen Tag tun, ist, gedankenlos Call- und Put-Optionen zu kaufen.

Den Preis eines Vermögenswertes innerhalb von einer Stunde vorherzusagen, ob er fallen oder steigen wird, ist sehr spannend, weil der Preis jeden Moment aufgrund von wirtschaftlichen Ereignisse oder anderen Meldungen, die sich auf den Preis eines Vermögenswertes auswirken, an Wert gewinnen oder verlieren kann.

Viele Leute denken auch, Sie brauchen viel Geld, um mit binären Optionen zu handeln. Das ist nicht der Fall. Sie können ein Konto mit einem respektablen Broker auch mit sehr wenig Geld eröffnen. Bei einigen Brokern können Sie mit 100 Euro ein Konto eröffnen, bei anderen mit 200 Euro, die meisten Broker verlangen von Ihnen keine Provisionen.

Weit verbreitet ist auch die Meinung, dass binäre Optionen zu handeln bedeutet, den ganzen Tag vor dem Computer zu verbringen und Optionen zu kaufen oder zu verkaufen und dabei eine Menge Stress verkraften zu müssen. Dies ist nicht der Fall, denn binäre Optionen sind kurzfristige Investitionen. Auf den meisten Handelsplattformen können Sie mit binären Optionen mit einem zumindest stündlichen Verfallsdatum handeln. Es handelt sich deshalb um sehr kurzfristige, betont stressfreie Investitionen.

Ein weiteres kursierendes Gerücht über den Handel mit binären Optionen ist, dass Sie zuerst eine Menge Geld verlieren müssen, bevor Sie beginnen, Geld damit zu verdienen und ein erfolgreicher Trader werden. Das hat mit der Wahrheit nichts zu tun, da die meisten Broker Demo-Konten anbieten, auf denen Sie den Handel mit virtuellem Geld beginnen können, so dass Sie aus Ihren Verlusten lernen können, ohne Ihr eigenes, wertvolles Kapital einzusetzen.

Der Broker

Ich denke, dass die Grundfunktion des Binären Options Handels nun ausreichend beschrieben wurde, lassen Sie uns nun mit dem Handel beginnen. Hierzu benötigen Sie zuerst einmal ein Broker Konto. Der Broker bietet Ihnen die Trading Platform auf der Sie Ihr Trading tätigen und abwickeln können. Die Kontoeröffnung und Kontoführung ist bei den Brokern kostenlos. Die Eröffnung eines Handelskontos ist in wenigen Schritten einfach und schnell ohne viel Aufwand durchzuführen.

Beim Vergleich der Broker sollte sowohl auf die Leistungen als auch auf die Handelskonditionen geachtet werden. Bietet der Broker zum Beispiel ein Demokonto und den mobilen Handel an? Sind Handelsplattform und Support deutschsprachig? Wie viele Assets sind handelbar, wie hoch ist die Mindesteinzahlung, wie hoch der Bonus? Diese und weitere Fragen helfen dabei, beim Vergleich alle wichtigen Punkte zu beachten.

Wenn Sie anfangen wollen, mit binären Optionen zu handeln, müssen Sie sich nach einem Online-Broker umsehen, der eine Handelsplattform anbietet, die den Handel mit binären Optionen unterstützt. Eine Handelsplattform ist ein webbasiertes Echtzeit-Handelssystem, auf dem nicht-professionellen Händlern der außerbörsliche oder auch Over-the-Counter (über den Ladentisch) genannte Handel mit binären Optionen angeboten wird.

Es gibt etwa hundert binäre Optionen Broker Online von denen einige reguliert und einige nicht-reguliert sind. Ein regulierter Broker ist ein Broker, der die Regeln und Vorschriften des Landes, in dem er seinen Standort hat, befolgt. Ein binärer Optionen Broker in Großbritannien kann zum Beispiel von der Financial Securities Authority (FSA) reguliert werden. Eine der wichtigsten Vorschriften, die ein regulierter Broker befolgen muss, ist die Verwendung eines Treuhandkontos für Kundengelder. Nicht-regulierte Broker sind dazu nicht verpflichtet. Man kann nicht pauschal sagen, dass Sie nicht mit einem Nicht-regulierten Broker handeln sollten, denn es gibt auch viele, bei denen Sie völlig sicher handeln können. Sie sollten bei einem Broker mehrere Kriterien überprüfen, bevor Sie sich für einen Broker Ihrer Wahl entscheiden, ob reguliert oder nicht-reguliert.

Worauf Sie bei einem Broker achten sollten

Zunächst sollten Sie einen Broker wählen, der so viele verschiedene Arten von Optionen, wie Aktien, Währungen, Rohstoffe und Indizes wie möglich anbietet. Eine Vielzahl von Wahlmöglichkeiten, Optionen, etc. ermöglichen es Ihnen, flexibel zu sein und eine gute Auswahl an Gewinnmöglichkeiten zur Verfügung zu haben.

Zweitens sollten Sie darauf achten, ob ein Broker flexible Ablaufzeiten und längere Terminfristen anbietet, als die Allgemeinheit der Anbieter. Denn je länger die Verfallszeit der Option, desto mehr können Sie von dem Handel profitieren. Einige Broker bieten stündliche, tägliche, wöchentliche und sogar monatliche Ablaufzeiten an.

Stellen Sie auch sicher, dass die Trading-Plattform des Brokers intuitiv zu bedienen ist, schnell reagiert und Sie auf der Plattform mit Echtzeit-Marktpreisen handeln. Wenn die Plattform kompliziert zu bedienen ist, werden Sie zwangsläufig Fehler machen, die zu vermeiden gewesen wären, und Geld dabei verlieren.

Viertens, prüfen Sie nach, ob der Kundendienst und Support unmittelbar reagiert und Sie sich in einer angemessenen Art und Weise Hilfe holen können. Die meisten Broker Webseiten haben auch einen eigenen Trainings Bereich, der entwickelt wurde, um neue Händler bei dem Einstieg in binäre Optionen Trading Konzepte zu unterstützen.

Weiterhin ist ein sehr wichtiger Punkt, wie der Broker Geld Transfers auf und von seinem Konto durchführt. Sie müssen dabei überprüfen, ob es einfach ist, eine Einzahlung zu tätigen sowie Beträge abzubuchen. Sie sollten auch die Funktionsweise des Bonussystems sowie die Prozentsätze ihrer Pay-outs überprüfen. Schließlich sollten Sie einen Blick auf die Bewertungen des Brokers im Internet werfen. Die Mehrzahl der Bewertungen sind unparteiisch und können dabei helfen, einen Broker auszuwählen, dem Sie vertrauen und bei dem Ihnen der Handel auf der Plattform Spaß macht.

Wie finden Sie einen vertrauenswürdigen Broker?

Mit dem Aufkommen neuer Märkte geht die Eröffnung einer großen Anzahl an neuen Brokern einher. Viele dieser binäre Optionen Broker sind nicht reguliert und stellen eine große Unbekannte dar. Dies kann, besonders wenn Sie neu im Handel auf den Finanzmärkten sind, zu Verwirrung führen. Der Handel mit binären Optionen kann sehr profitabel für professionelle Trader als auch für Anfänger sein. Sie müssen jedoch einen seriösen Broker für den Handel finden, dem Sie in Bezug auf Ihre Geldmittel vertrauen.

Die Wahl des Brokers ist eine der grundlegenden Hürden, die Sie überwinden müssen, bevor Sie in die spannende Welt des Binäre Optionen Handels eintauchen können. Behalten Sie die Tatsache im Hinterkopf, dass im Internet eine Masse an Informationen als auch Fehlinformationen existieren, die von unzufriedenen Händlern verfasst oder erfunden oder im Konkurrenzkampf der Broker veröffentlicht wurden. Wie gehen Sie also bei der Suche nach einem seriösen Broker für binäre Optionen vor, wenn Sie die Wahl zwischen über hundert verschiedenen Unternehmen haben?

Eine der wichtigsten Fragen, die bei der Auswahl eines Binäre-Optionen-Brokers und der Eröffnung eines Handelskontos eine Rolle spielt, ist die Tatsache, ob der Broker reguliert ist. Auf dem Markt für binäre Optionen, stellt die Regulierung sicher, dass Ihre Geldmittel sicher sind und Sie Ihre Gewinne aus dem Handel entsprechend reibungslos ausbezahlt bekommen. Grundsätzlich ist deshalb der Handel nur mit einem regulierten Broker zu empfehlen.

In der Regel kann jedes Unternehmen eine binäre Optionen Handelsplattform anbieten. Nur die seriösesten binären Broker verfügen jedoch über eine gültige Handelslizenz von einer Finanzaufsichtskommission. Viele nationale Regierungen erkennen binäre Optionen als legitimes Anlageinstrument an und vergeben Lizenzen an vertrauenswürdige Broker.

Eine Lizenz ist im Wesentlichen eine vertragliche Vereinbarung, wonach der Broker eine Reihe von Regeln und Vorschriften beachten muss, und damit gewährleistet, dass Händler die Dienstleistungen des Brokers sicher und zuverlässig nutzen können. Dies umfasst den Empfang von Auszahlungen auf Anfrage des Kunden innerhalb eines angemessenen Zeitraums als auch die Bereitstellung einer allumfassenden, fairen Handelsplattform, einschließlich der Integrität von Preisangeboten. Verstöße gegen diese Regelungen können für die Betreiber zu Geldbußen, juristischen Folgen und den Widerruf der Lizenz führen.

Für binäre Optionen Händler ist es auf jeden Fall, zu ihrer eigenen Sicherheit, empfehlenswert, einen Broker zu finden, der über eine Lizenz von einer Aufsichtskommission verfügt. Sie können so vermeiden, ein potenzielles Opfer von Betrug und unseriösen Geschäftspraktiken zu werden. Da ein gewisses Maß an Regulierung mehr und mehr in der Branche üblich wird, sollten Sie nur mit regulierten Brokern handeln.

Der Handel mit binären Optionen wird von renommierten Finanz-Aufsichtskommissionen durch Verordnungen in mehreren Gerichtsbarkeiten reguliert. Hier eine Auflistung: United States / Commodity Futures Trading Commission (CFTC), United Kingdom / Financial Conduct Authority (FCA), Zypern / Cyprus Securities and Exchange Commission (CySEC), Japan / Japan Financial Services Agency (JFSA), Südafrika / Financial Services Board (FSB), Belize / International Financial Services Commission (IFSC) und Malta / Malta Financial Services Authority (MFSA).

Handelskonditionen & Mindesteinlage: Kosten variieren

Die Eröffnung des Handelskontos ist bei Binäre Optionen Brokern kostenlos. Kontoführungsgebühren oder Orderkosten, wie es zum Beispiel beim Handel mit Wertpapieren der Fall ist, gibt es ebenfalls nicht. Im Grunde ist der Handel also kostenlos, es gibt lediglich bei manchen Ein- oder Auszahlungen Gebühren zu beachten. Was die Mindesteinlage bei binären Optionen angeht, so fällt diese von Broker zu Broker unterschiedlich aus. So ist bei manchen Anbietern der Handel schon ab 50 Euro Mindesteinzahlung möglich, wohingegen andere eine Mindesteinlage im vierstelligen Bereich voraussetzen. Ebenfalls Unterschiede gibt es hinlänglich der Mindesteinsätze pro Trade. Während einige Unternehmen Trades bereits ab fünf Euro anbieten, müssen bei anderen Brokern 25 Euro dafür bezahlt werden. Es ist in jedem Falle lohnenswert sich vorher über die geforderte Mindestsumme und die Trade-Kosten zu informieren, bevor Trader sich für einen Broker entscheiden. Denn gerade Einsteiger im Online-Handel wollen oder können für den Anfang keine größeren Summen erübrigen.

Fazit: Die Eröffnung und Führung eines Handelskontos ist in der Regel kostenfrei und auch auf Orderkosten wird bei binären Optionen verzichtet. Die Höhe der Mindesteinlage und die Mindestgröße einer Position, variieren von Anbieter zu Anbieter.

Fünf interessante Tipps

- Wählen Sie als Anfänger einen Broker, der eine Verlustabsicherung bzw. eine Close-Funktion anbietet. Denn auf diese Weise können Sie eventuelle Verluste in Grenzen halten.
- Handeln Sie nicht aus einem Bauchgefühl heraus, sondern orientieren Sie sich immer an einer bestimmten Strategie, für die Sie sich zuvor entschieden haben.
- Setzen Sie niemals Ihr gesamtes Guthaben auf eine Option. Viele Experten raten dazu, nicht mehr als 2-5 Prozent (je nachdem, wie aggressiv gehandelt werden soll) in eine Option zu investieren. Denn nur so haben Sie noch »Rücklagen«, um eventuelle Verluste wieder ausgleichen zu können.
- Spekulieren Sie zunächst mit relativ geringen Beträgen, zum Beispiel mit fünf oder zehn Euro. Erst nach einigen erfolgreichen Trades sollten Sie den Einsatz langsam erhöhen. Broker mit geringen Mindesthandelssummen, wie etwa 24Option, sind also vorteilhaft.
- Lassen Sie sich nicht von Gerüchten irritieren, die bei binären Optionen von Betrug sprechen. Denn

grundsätzlich sind binäre Optionen seriöse, jedoch auch sehr risikoreiche Finanzinstrumente, sodass Sie sich insbesondere bei regulierten Brokern wie 24Option, Anyoption, BdSwiss u.a. nicht mit der Frage: »Binäre Optionen, Betrug oder seriös?« beschäftigen müssen.

Kontoeröffnung und Bonus

In diesem Abschnitt befassen wir uns ausführlich mit den Bedingungen für die Registrierung eines Handelskontos und erläutern welche Boni im Bereich der Binäre Optionen angeboten werden. Eine erfolgreiche Eröffnung eines binäre Optionen Kontos, ist der erste Schritt in den Online-Handel. Diese ist in den meisten Fällen schnell abgehandelt. Folgende Angaben werden benötigt:

- Vollständiger Name
- Adresse und Wohnort
- Telefonnummer für eventuelle Rückfragen
- E-Mail-Adresse
- Bereits vorhandene Trading-Erfahrungen

Die Eröffnung und auch Führung eines Handelskontos ist bei den meisten Brokern für Binäre Optionen kostenfrei. Mittlerweile wurden von den meisten europäischen Finanzaufsichtsbehörden Bonus-Programme für Binäre Optionen verboten.

Bei der Konto-Eröffnung ist unbedingt darauf zu achten, dass Sie nur eine Telefon- oder Handy-Nummer angeben sollten, die Sie neben Ihren normalen Nummern eingerichtet haben, da es leider in der Praxis so ist, dass Sie sofort nach Eröffnung des Kontos vom Support angerufen werden um das Konto und Sie zu verifizieren, was ja noch verständlich ist, leider später aber dann bei manchen Brokern regelrecht am Telefon bedrängt werden Einlagen oder Trades zu tätigen, was ich als sehr lästig und unseriös empfinde, was aber fast von allen namhaften Brokern gleichermaßen praktiziert wird. Um dies zu verhindern sollten Sie eine eigens für das Trading eingerichtete Telefonnummer haben die Sie dann ausschalten können, so dass Sie diesen Belästigungen nicht ausgesetzt sein müssen.

Fazit: Die Eröffnung eines Kontos, ist üblicherweise kostenfrei und in nur wenigen Minuten abgeschlossen. Boni werden entweder für Einzahlungen oder Neukundenwerbung ausgezahlt und variieren in ihrer Höhe von Broker zu Broker.

Demokonto: Bei binären Optionen eher eine Ausnahme

Bei den meisten Brokern ist es üblich ein kostenloses Demokonto anzubieten, über das die Handelsplattform kennengelernt werden kann. Binäre Optionen Anbieter stellen hierbei eine Ausnahme dar, denn hier ist ein Demokonto eher die Seltenheit. Ein Grund dafür könnte sein, dass die Handelsplattformen für binäre Optionen grundsätzlich sehr übersichtlich und simpel aufgebaut sind und sich die Funktionsweise den Tradern schnell erschließt. Somit wird das Austesten über einen Demo-Account überflüssig. Möchten Interessenten dennoch zunächst Handels-Erfahrungen über ein Testkonto machen, findet sich auch in diesem Sektor der ein oder andere Broker, der dieses in sein Angebots-Sortiment aufgenommen hat.

Fazit: Die meisten Broker für binäre Optionen zählen ein Demokonto nicht zu ihrer Angebotspalette. Dieses ist auch gar nicht nötig, bedenkt man den unkomplizierten und benutzerfreundlichen Aufbau der Handelsplattformen. Natürlich gibt es aber auch Anbieter, die ein Demokonto für ihre Kunden bereithalten.

Einzahlung und Auszahlung: welche Optionen werden geboten?

Nachfolgend möchten wir unser Augenmerk auf die Zahlungsmethoden, die Tradern beim Handel mit binären Optionen zur Verfügung stehen, legen. Zwei Möglichkeiten für den Geldtransfer werden von so ziemlich allen Brokern in diesem Bereich angeboten. Dabei handelt es sich zum einen um Transaktionen per Kreditkarte und zum anderen um Zahlungen via Banküberweisung. Einige Anbieter erweitern ihr Angebot für Ein- und Auszahlungen auch mit zusätzlichen Optionen wie PayPal oder anderen Anbietern.

Bei der Wahl der Zahlungsmethode gilt es zu beachten, dass die jeweiligen Möglichkeiten sich hinsichtlich der Dauer der Gutschrift des Geldbetrages und der Mindesteinzahlung unterscheiden können. Näheres dazu, finden Trader auf der Webseite des Brokers oder wenden sich an den Kundensupport. Für Einzahlungen werden im Regelfall keine Gebühren erhoben, wohingegen für binäre Optionen Auszahlungen Kosten entstehen können.

Fazit: Transaktionen per Überweisung und Kreditkarte werden grundsätzlich von den meisten Brokern angeboten. Manche erweitern ihr Angebot um diverse elektronische Bezahlsysteme. Trader können sich auf der Homepage des Unternehmens oder beim Support genauer über die Optionen und Bedingungen informieren.

Was gibt es bezüglich Service und Bildung zu sagen?

Einen wichtigen Faktor stellt für Trader der Kundensupport und –Service dar, der auch oft darüber entscheidet, für welchen Trading-Anbieter Kunden sich letztendlich entscheiden. Die Erreichbarkeit der Mitarbeiter ist dabei ebenso essentiell, wie die Tatsache, dass diese die Sprache des hilfesuchenden Händlers beherrschen. Online-Broker, die auch Niederlassungen in anderen Ländern haben bzw. auch den ausländischen Markt erschließen möchten, richten in der Regel einen telefonischen Kundensupport in der jeweiligen Landessprache ein.

Viele Unternehmen bieten neben der Kontaktaufnahme per Telefon noch weitere Möglichkeiten an, sich mit dem Support in Verbindung zu setzen:

- E-Mail

- Fax
- Live-Chat
- Kontaktformular

Dabei können die Zeiten, an denen der Support zu erreichen ist ganz unterschiedlich sein. Einige Broker ermöglichen ihren Kunden eine Rund-um-die-Uhr-Betreuung, bei anderen hingegen müssen Trader sich an bestimmte Zeiten halten. Was das Angebot an Wissen angeht, bieten mittlerweile viele Broker umfangreiche Angebote an Webinaren, Video-Tutorials oder hauseigenen Handels-Akademien und Seminare an.

Fazit: Beim Kundensupport sind Unterschiede hinlänglich der Erreichbarkeit und der Möglichkeiten zur Kontaktaufnahme zu finden. Broker mit Kunden im Ausland, stellen meistens einen Support in der jeweiligen Landessprache zur Verfügung. Die Schulungsangebote sind von Broker zu Broker unterschiedlich und auf ein hohes Niveau gewachsen.

Sitz und Regulierung: Regulierungsbehörden übernehmen die Aufsicht

Wie in allen Bereichen des Online-Tradings, wollen Kunden auch beim Handel mit binären Optionen ihre Anlagen in sicheren Händen wissen. Um dieses zu gewährleisten, gibt es verschiedene Finanzaufsichtsbehörden, die es sich zur Aufgabe gemacht haben, die Arbeit der Handelsunternehmen zu kontrollieren und dafür zu sorgen, dass die allgemeingültigen Regularien eingehalten werden. Welche Regulierungsbehörde für die Aufsicht zuständig ist, hängt von dem Sitz des Brokers ab. Unternehmen mit Niederlassungen in Deutschland, werden in der Regel von der BaFin reguliert. Große Finanzinstitute innerhalb der Eurozone, deren Bilanzsumme über 30 Milliarden Euro oder 20 Prozent der Wirtschaftsleistung eines Landes ausmacht, unterstehen zusätzlich der Überwachung durch die Europäische Zentralbank.

Fazit: Finanzaufsichtsbehörden sorgen für einen reibungslosen Ablauf der Finanzgeschäfte. Die Zuständigkeit der jeweiligen Behörden, hängt davon ab, in welchem Land der Broker seinen Sitz hat.

Binäre Optionen: Betrug oder seriös?

Es gibt diverse Gerüchte rund um das Thema Binäre Optionen Betrug. In der Regel wird dann einem bestimmten Broker vorgeworfen, dass er sich nicht einwandfrei verhält bzw. dass er Kunden betrogen hätte. Grundsätzlich gibt es allerdings einige Anhaltspunkte, anhand derer Sie einen seriösen von einem unseriösen Broker unterscheiden können. Ein seriöser Binäre Optionen Broker zeichnet sich unter anderem dadurch aus, dass sowohl die AGBs als auch sonstige Vereinbarungen, die mit dem Kunden getroffen werden, jederzeit abrufbar und transparent sind. Optimal ist es natürlich, wenn die AGBs in mehreren Sprachen zur Verfügung stehen, wobei es natürlich im Umkehrschluss nicht bedeutet, dass ein Broker unseriös ist, falls die AGBs nur in englischer Sprache verfügbar sind. Nicht selten wird auch deshalb von einem Binären Optionen Betrug gesprochen, weil der Broker seinen Hauptsitz im Ausland hat, beispielsweise auf Zypern oder auf Gibraltar. Die Erfahrungen zu den Binären Optionen Brokern zeigen allerdings, dass diese Tatsache kein Anhaltspunkt dafür ist, dass diese Broker unseriös sind. Außerdem sind beide Staaten Mitglied in der EU. Führende Anbieter wie 24Option verfügen außerdem über eine in der EU anerkannte Regulierung und Lizenz. Weiterhin unterscheidet die Tatsache, dass die Kundengelder auf separaten Konten – getrennt vom Vermögen des Brokers – verwaltet werden, einen seriösen von einem unseriösen Broker. Die folgende Übersicht zeigt, wodurch sich ein seriöser Binäre Optionen Broker auszeichnet. Wichtig sind:

- Regulierung innerhalb der EU
- AGBs und sonstige Vertragsinhalte sind jederzeit einsehbar
- Kundengelder werden auf getrennten Konten verwaltet, getrennt vom Vermögen des Brokers
- Handel erfolgt über eine gesicherte und SSL-verschlüsselte Internetverbindung
- Trader wird über die Auszahlungsbedingungen beim Bonus ausführlich aufgeklärt
- alle möglichen Kosten (z.B. Auszahlungsgebühren) werden genannt
- Broker informiert darüber, dass binäre Optionen risikoreich sind (Risikohinweis)

Fazit: Um sicher zu gehen, dass es sich nicht um Betrug handelt, können sich Trader bei der Wahl eines Brokers an bestimmten Punkten orientieren. Diese sagen in der Regel viel darüber aus, ob der Anbieter seriös ist oder nicht.

Fazit: Eindeutige Faktoren als Seriositätsmerkmal

Der Handel mit binären Optionen zeichnet sich vor allem durch eine simple Strukturierung und niedrigen Konditionen aus. Somit ist dieses Handelsinstrument vor allem bei Anfängern sehr beliebt. Geringe Kosten für Trades und niedrige Mindesteinlagen ermöglichen auch Tradern mit kleinem Budget einen Einstieg in den Online-Handel. Die Handelsplattformen, welche speziell für diesen Bereich entwickelt wurden, überzeugen mit ihrer Unkompliziertheit und benutzerfreundlichen Handhabung und setzen somit kaum Wissen voraus. Die Frage nach der Seriosität von Brokern für binäre Optionen stellt sich dabei eigentlich kaum, da diese in fast allen Fällen von kompetenten Aufsichtsbehörden reguliert und lizenziert sind.

Die besten Broker

Grundsätzlich ist hier zu sagen, dass unter den unzähligen Brokern nur wenig Schwarze Schafe sind. Sie müssen immer darauf achten, dass Sie nur mit sogenannten »Regulierten und Lizenzierten Brokern« handeln die in der EU gelistet sind. Von allen anderen Brokern ist daher absolut abzuraten! Wenn Sie dies beachten sind Sie, was den Broker anbelangt, auf der sicheren Seite. Persönlich kann ich Ihnen nur Broker empfehlen mit denen ich problemlos selbst Trading betreibe, es gibt aber durchaus sehr viel mehr seriöse Broker bei denen Sie ein Konto eröffnen können. Mein absoluter TOP Broker mit dem ich seit Jahren zur völligen Zufriedenheit zusammenarbeite ist 24Option. Leider hat dieser Broker ab 1. Juli den Handel mit Binären Optionen für Neukunden eingestellt. Sie können bei diesem Broker als Neukunde nur noch Forex und CFD handeln. Sollten Sie auf diesen beiden Gebieten auch traden, kann ich Ihnen diesen Broker mit gutem Gewissen empfehlen, ansonsten haben IQ-Option, Stockpair und 365trading.com einen guten Eindruck hinterlassen.

24Option: http://option.go2jump.org/SHxUMN

Weitere Informationen sowie Links zu Brokern und Robotern finden Sie auch auf unserer Webseite:

www.trading-king.hk

Möglichkeiten für Einzahlungen

Die meisten Trading-Plattformen für binäre Optionen bieten Händlern zahlreiche Alternativen für Einzahlungen. Dazu gehören:

- **Kredit- oder Debitkarten** – Viele verschiedene Kredit- und Debitkarten werden in der Regel akzeptiert, zum Beispiel MasterCard, VISA, Diners Club und Maestro.
- **Überweisung** – Einzahlungen per Überweisung können von der Bank des Händlers stammen, sowohl im In- als auch im Ausland. In diesem Fall muss der Händler die Kontonummer des Trading-Kontos sowie die Details des Kontos angeben, von dem aus die Einzahlung vorgenommen wird.
- **Moneybooker und andere Zahlungsanbieter** – Online-Zahlungsanbieter wie Moneybooker können es Händlern ebenfalls erlauben, Einzahlungen auf ihr

Trading-Konto für binäre Optionen vorzunehmen. In den meisten Fällen erlauben es diese Systeme dem Händler, sichere und sofortige Zahlungen durchzuführen, ohne dass dabei eine Kredit- oder Debitkarte benötigt wird.

Um Händlern, die auf der ganzen Welt sitzen, einen größeren Komfort zu bieten, ist es bei den meisten Trading-Plattformen möglich, Einzahlungen und Trades in verschiedenen Währungen abzuschließen.

Auszahlungen

Hier ist darauf zu achten, dass von den jeweiligen Brokern verschiedene Laufzeiten und Bearbeitungszeiten beansprucht werden bevor Ihr Auszahlungswunsch bearbeitet und wieder auf Ihrer Kreditkarte oder auf Ihrem Bankkonto rücküberwiesen ist. WICHTIG dabei ist, dass Sie schon gleich bei der Eröffnung Ihres Handelskontos Ihr Konto verifizieren lassen indem Sie Ausweiskopie, Adressnachweis und Kopie der Kreditkarte mit der Sie das Handelskonto aufgefüllt haben dem Broker zur Verfügung stellen. Die Verifizierung dauert meist 2-3 Tage. Ohne Verifizierung Ihres Handelskontos können Sie KEINE Auszahlung bzw. Rückbuchung auf Ihre Kreditkarte oder Ihr Bankkonto vornehmen!

TIPP:

Bevor Sie den Handel mit größeren Beträgen beginnen, vergewissern Sie sich dass die Rückbuchungen auf Ihrer Kreditkarte oder Bankkonto vom Broker ordnungsgemäß durchgeführt werden indem Sie mehrere kleine Beträge zurückbuchen lassen.

Trading Tipps

Binäre Optionen sind ein profitables und schnelles, aber auch ein sehr spekulatives Anlageinstrument. Leider ist es eine Tatsache, dass die meisten Menschen ihre Emotionen nur sehr schlecht unter Kontrolle haben, wenn sie sich erstmals auf dem Finanzparkett bewegen und sie gehen ein viel zu großes Risiko ein um noch höhere Gewinne zu erzielen. Meiner Erfahrung nach kann dies in einigen Fällen sogar zum finanziellen Ruin führen. Bei über 70% aller eingetretenen Totalverluste ist dies ausschließlich auf den Trader zurückzuführen und nicht auf die Trades selbst! Die Gier und die Habsucht lässt hier bei so manchem Trader »die Sicherung durchbrennen«! Dies sind dann auch genau jene Trader die dann nach einem eingetretenen Totalverlust den Broker und die ganze Binäre Optionen Industrie als Betrüger beschimpfen.

Der Schlüssel zum erfolgreichen Trading ist diszipliniertes Money Management. Machen Sie es sich zur Regel immer nur 2% Ihres Handelskapitals in einem einzigen Trade zu riskieren. Handeln Sie nur mit Kapital das Sie frei zur Verfügung haben und auch im Notfall verlieren können. Setzen Sie sich ein Handelsziel sowohl im Gewinn als auch im Verlust und beenden Sie Ihre Trading-Session dann sofort wenn Sie diese Vorgaben erreicht haben. **Setzen Sie sich ein Tageslimit im Gewinn als auch im Verlust! Lösen Sie sich vom Handel oder versteifen Sie sich nicht auf einen Handel wenn z.B. keine deutlichen Handelssignale gegeben sind.**

Etwas, das ich aber in diesem Artikel unbedingt ansprechen möchte ist, dass es leider verlockend ist durch zu viel Gier Binäre Optionen als Glücksspiel zu betreiben. Wenn Sie das möchten hält Sie natürlich niemand auf, aber wenn Sie langfristig Geld machen wollen, müssen Sie einen komplett anderen Ansatz wählen. Manche Trader merken schon zu Beginn wie einfach es ist mit Binären Optionen Geld zu machen und gehen dann immer höhere Risiken ein um noch mehr Geld zu machen. Am Ende stehen Sie dann mit einem großen Verlust da. Lassen Sie sich nicht darauf ein! Behandeln Sie Binäre Optionen genauso wie den Devisenhandel, CFDs, Aktien, usw. und Sie werden auf lange Sicht auch Erfolg haben. Beachten Sie, dass es immer wichtig ist einen Trading Plan zu haben, da dieser die Wahrscheinlichkeit für Erfolg maßgeblich erhöht. Üben Sie mit einem Demokonto und wenn Sie sich wohl fühlen und Erfolg haben können Sie mit echtem Geld handeln. So erhöhen Sie Ihre Chancen auf Profit und senken Ihr eigenes Risiko und bekommen ein Gespür für den Handel.

Hier noch ein paar persönliche Tipps für Ihren Handel:

1. Handeln Sie immer nur mit 2% des zur Verfügung stehenden Gesamtkapitals pro Option. Risikomanagement ist auch hier wichtig!

2. Wenn möglich beobachten Sie die Kursbewegungen parallel noch in einem anderen Handelssystem, um die zu erwartende Richtung besser beurteilen zu können. Die gestellten Kurse sind bei den meisten Plattformen

etwas anders. Vergessen Sie aber nicht es geht nur um die zu erwartende richtige Richtung einer Anlage!

3. Geben Sie Ihre PUT oder CALL Order erst kurz vor Ablauf der Option ins System ein. Gerade in schwankungsintensiven Märkten lässt sich so das Risiko deutlich minimieren.

4. Der Abrechnungskurs liegt meistens genau in der Gegenrichtung der zuletzt ausgeführten Bewegung kurz vor Ablauf. Auch das ist typisch und in mindestens 80 Prozent aller Fälle so.

5. Kaufen Sie kurzfristige starke Ausschläge nach oben oder unten in die Gegenrichtung. Beispielsweise nach der Veröffentlichung wichtiger Konjunkturdaten schlägt das Pendel erst einmal in die Gegenrichtung aus bevor die »wahre« Richtung eingeschlagen wird.

6. Konzentrieren Sie sich auf maximal vier Märkte/Handelslinstrumente und machen Sie nie mehr als 5 Trades gleichzeitig. halten Sie Ihr Trading übersichtlich und verzetteln Sie sich nicht!

7. In volatilen Märkten ist es manchmal besser die Option zum Ablauf des Handelstages zu wählen und nicht die auf Stundenbasis. Gerade bei Rohstoffen und Devisen manchmal empfehlenswert!

8. Wenn Sie kein vernünftiges Setup finden verzichten Sie auf den Trade, es kommt jede Stunde eine neue Chance. Grundsätzlich sollten Sie den Handel mit Binären Optionen als reines Zusatzgeschäft betrachten. Auch ein kleiner Gewinn pro Tag macht am Monatsende eine schöne Summe aus.

9. Machen Sie rechtzeitig Feierabend wenn Sie schöne Gewinne erzielt haben. Vermeiden Sie Overtrading, setzen Sie sich klare Ziele wie viel Sie pro Tag gewinnen wollen, und nehmen Sie die Gewinne auch konsequent mit. Jeder Handelstag bietet neue Chancen!

10. Kaufen Sie sich etwas Schönes von Ihren Gewinnen. Belohnung muss sein und spornt an! Wohl mit der Wichtigste Punkt auf der Liste. Nur wenn Sie sich auch regelmäßig für Ihr Handeln belohnen wird Ihnen das Thema auch dauerhaft Spaß machen.

11. Machen Sie als Anfänger KEINE 60SEC TRADES!

12. Progressieren Sie Ihre Einsätze als Anfänger NIE! Setzen Sie immer den gleichen Betrag pro Trade und kapitalisieren Sie sich bei einem Verlust durch eine Progression nicht kaputt!

13. Beschränken Sie Ihre Sitzungen auf ca. 60-80 Trades pro Sitzung.

14. Machen Sie nie mehr als 2 Sitzungen pro Handelstag!

15. Traden Sie als Anfänger nicht auf verschiedenen Broker-Plattformen gleichzeitig!

16. Handeln Sie ausschließlich zu den Haupthandelszeiten (in Europa zwischen 8.00 Uhr und 12.00 Uhr)

17. Kapitalisieren Sie sich nicht ununterbrochen nach oben sondern ziehen Sie immer wieder Ihr Kapital zu 50% ab und lassen Sie dieses auf Ihr Bankkonto auszahlen.

Die richtige Handels-Strategie

Grundsätzlich gibt es unzählige Strategien zu Handeln die meisten gängigen finden Sie bei vielen Brokern auf der Webseite beschrieben. Ich selbst handle wie folgt:

1. Analysieren Sie zuerst den entsprechenden Markt bzw. setzen Sie fest auf was Sie handeln möchten. Ich selbst handle ausschließlich auf EUR/USD, GOLD, SILBER und ÖL.

2. Zu Beginn des Handels sehe ich mir alle 4 Märkte an und informiere mich über die aktuellen Finanzberichte auf diesen Märkten.

3. Stellen Sie den Chart so ein, dass Sie den Verlauf der letzten 12, 8 und 4 Stunden sehen können. Legen Sie dann anhand dieses Charts fest ob der allgemeine langfristige Trend eher ein PUT oder CALL ist also verläuft der ganze Handel eher nach oben oder eher nach unten. Wenn Sie dies festgesetzt haben handeln Sie ausschließlich in eine Richtung und zwar in die des Trends den Sie

festgesetzt haben und stellen dann den Chart auf 1 Stunde zurück.

4. Ich handle nur in 10-15 Minuten Trades

5. Beobachten Sie jetzt nun wahlweise 4 Assets am besten empfiehlt sich Gold, Silber und Euro/USD und Öl.

6. Verfolgen Sie den Chart ganz genau und jedes Mal wenn Sie sehen dass ein relativ großer Unterschied zu ihrem Trend eingetreten ist tätigen Sie Ihren Trade.

7. Beenden Sie die Trading-Session so bald Sie Ihr Ziel sowohl im Gewinn als auch im Verlust erreicht haben.

8. Richten Sie sich an den nachstehenden Trading-Plan.

9. Traden Sie diese Strategie zuerst mit einem Demo-Account oder mit einem geringen Einsatz, damit Sie ein Gefühl für die Strategie bekommen.

10. Beachten Sie meine aufgeführten Tipps des vorherigen Kapitels.

Trading-Plan:

Tages-Gewinn/Verlust Limit:	immer 10% des Grundkapitals
Bisher Maximale Trades pro Session:	74
Durchschnitts Gewinn bei 1000 Trades:	25% pro Session
Höchster Verlust bei 1000 Trades:	-10,00%
Verluste allgemein bei 1000 Trades:	2 Verluste insgesamt mit je -10% und -8% Pro Session

Kapital:	500 Euro	
Tages-Ziel:	+/- 50 Euro	+/- 20 Euro
Satz pro Trade:	10 Euro	5 Euro

Kapital:	1.000 Euro	
Tagesziel:	+/-100 Euro	+/- 50 Euro
Satz pro Trade:	20 Euro	10 Euro

Kapital:	2.500 Euro	
Tagesziel:	+/-250 Euro	+/- 125 Euro
Satz pro Trade:	50 Euro	25 Euro

Kapital:	5.000 Euro	
Tagesziel:	+/- 500 Euro	+/- 250 Euro
Satz pro Trade:	100 Euro	50 Euro

Kapital:	10.000 Euro	
Tagesziel:	+/- 1.000 Euro	+/- 500 Euro
Satz pro Trade:	200 Euro	...100 Euro

Kapital:	50.000 Euro	
Tagesziel:	+/- 5.000 Euro	+/- 2.500 Euro
Satz pro Trade:	1.000 Euro	500 Euro

Kapital:	100.000 Euro	
Tagesziel:	+/- 10.000 Euro	+/- 5.000 Euro
Satz pro Trade:	2.000 Euro	1.000 Euro

Die auf der rechten Seite vermerkten Beträge sind 50% des normalen Tradings für Leser die das Risiko nochmals minimieren möchten!

Strategien

Die Profit Compounding Strategie

Die Profit Compounding Strategie ist eine der wichtigsten und leistungsfähigsten Strategien die ein Investor beim Handel mit Binären Optionen verwenden kann. »Compounding« kann eher als eine Geld-Management-Strategie denn als eine direkte Gewinn-Strategie eingestuft werden; wenn sie richtig angewendet wird, kann die Rendite auf lange Sicht höher als bei traditionellen Gewinn-Strategien liegen. Die »Compounding-Strategie« für den Handel mit Binären Optionen wurde speziell entwickelt, um die Risiken gering zu halten.

Wie funktioniert es?

Die »Profit-Compounding«-Strategie hängt von der Nutzung eines bestimmten Prozentsatzes der Mittel auf Ihrem Konto ab, und nicht von einem vorbestimmten Kapitaleinsatz im Handel. Nehmen wir an, Sie haben 1.000 Euro auf Ihrem 24Option Trading-Konto. Statt einen festgelegten Betrag in Höhe von 150 Euro oder 200 Euro zu investieren, legen Sie einen Prozentsatz für alle zukünftigen Handelsgeschäfte wie zum Beispiel

10% fest, was in unserem Fall 100 Euro sind. Wenn Sie 4 erfolgreiche Trades platzieren wären dies (70% Gewinn pro Trade = 70 Euro) 4 x 70 Euro = 280 Euro. Dies würde Ihren Gesamtsaldo also auf 1.280 Euro erhöhen. Wenn Sie beim nächsten Handel wieder die 10% Regel anwenden, um Ihren Investitionsbetrag zu ermitteln, so liegt der dann bei 125 Euro (von 128 Euro abgerundet). Wenn Sie damit wieder vier erfolgreiche Trades mit dem gleichen Erfolg platzieren (70% Gewinn pro Trade auf 125 Euro = 87,50 Euro), liegen Ihre Gewinne dieses mal bei 350 Euro für diese vier Trades, also deutliche höher wie bei Ihren ersten Trades. Damit diese Strategie effektiv ist, muss der gleiche Prozentsatz bei jedem Handel in Folge über einen Zeitraum von mindestens einem Monat eingesetzt werden, bevor Ihre Ergebnisse repräsentativ und vergleichbar werden.

Naturgemäß können nicht alle Handelsaktivitäten in binären Optionen erfolgreich sein. Solange jedoch das Gewinn-Verhältnis höher ist als das Verlustverhältnis, oder anders ausgedrückt, mehr erfolgreiche als erfolglose Trades innerhalb einer Handelssitzung platziert werden, führt die Compounding Strategie zu einem positiven Ergebnis, dass sich positiv auf Ihrem Handelskonto bemerkbar macht.

Die Pairs Trading Strategie

Das Pair Trading ist eine Spekulation auf die unterschiedliche Entwicklung zweier Werte, die ein Paar bilden. Es können zwei Aktien eines Sektors sein (zum Beispiel Automobilbranche), zwei Rohstoffwerte oder auch zwei Forex-Paare. Aktienpaare sind sehr beliebt beim Pair Trading. Ein Binäre Optionen Broker, der sich darauf spezialisiert hat, ist Stockpair. Inzwischen bieten einige weitere Binäre Optionen Broker das Pair Trading an.

Pair Trading: Hintergründe

Das Pair Trading wird seit den 1980er Jahren durch institutionelle Investoren betrieben, die auf diese Weise ihre Anlagen hedgen, die sich in ineffizienten Märkten nicht immer logisch entwickeln. In einem Markt derselben Werte – also beispielsweise der Automobilbranche oder auch des Technologiesektors – sollten die Werte eigentlich mit der globalen Marktentwicklung einheitlich steigen oder fallen. Wenn es auf der Welt viele neue technologische Entwicklungen gibt, könnten die Technologiefirmen davon gemeinsam profitieren, doch ein Unternehmen wird besser gemanagt als das andere. Daher steigt die eine Aktie deutlich an, die andere steigt weniger oder verliert gar. Auf solche Unterschiede setzt das Pair Trading, die entsprechende Pair-Option bildet den Unterschied zwischen beiden Unternehmen ab.

Sollte das Paar also beispielsweise Daimler versus BMW heißen, dann würde der Trader eine Call-Option buchen, wenn er glaubt, dass sich Daimler besser entwickelt als BMW. Die Broker bieten die entsprechenden Paare an, die auch Microsoft versus Apple oder Gold versus Öl heißen könnten. Als Laufzeit bieten sich beim Pair Trading etwas längere Fristen an, gerade am Aktienmarkt dauern die Entwicklungen Tage, Wochen und auch Monate. Es gibt aber auch kurze Laufzeiten. Der Broker stellt ein Paar als Asset Nr. 1 versus Asset Nr. 2 dar. Bei der Longposition übertrifft die Entwicklung von Asset Nr. 1 diejenige von Asset Nr. 2, bei der Shortposition trifft das Gegenteil zu. Dabei können die Aktien gemeinsam steigen (aber eine von beiden stärker), auch kann ein Wert steigen und der andere fallen. Sollte der Trader richtig liegen, erhält er eine Gewinnausschüttung von 70 - 90% wie bei Binären Call- und Put-Optionen.

Für wen ist das Pair Trading interessant?

Pair Trading ist etwas für Trader mit starkem fundamentalem Interesse an den Hintergründen von Marktentwicklungen. Damit können diese Anleger ihre Erkenntnisse zur Wirtschaft in konkretes Handeln umsetzen, vor allem ihre Auffassungen dazu, warum es einem Unternehmen oder einem Rohstoffwert besser geht als dem anderen. Die Automobilbranche, der Technologiesektor, die Rohstoffe Gold und Öl sowie die Handysparte sind die großen Favoriten beim Pair Trading, denn hier finden sehr spannende Entwicklungen statt. Man nehme Ende August 2015 die fallenden Aktienmärkte, den fallenden Ölpreis und den steigenden Goldpreis her. Auch ist der Unterschied zwischen Daimler und BMW im Crash der letzten Augustwoche 2015 interessant (Daimler hält sich etwas besser). Es gibt gute Gründe für diese Entwicklungen. Pair Trader interessieren sich dafür und finden das faszinierend.

Vor- und Nachteile von Pair Trading

Der Vorteil besteht darin, fundamentale Erkenntnisse anzuwenden, die sich auf den Vergleich konkreter Werte beziehen. Dabei wird schließlich auch immer ein Unternehmen in seinem Marktumfeld betrachtet. Wer nur auf eine Aktie wie BMW setzt, müsste nun entscheiden, ob diese mit dem Gesamtmarkt steigt bzw. fällt oder ob das Management gute Entscheidungen getroffen hat. Wer Daimler und BMW vergleicht, kann feststellen, dass ein Wert von einer guten Marktentwicklung besonders profitiert, der andere hingegen weniger oder manchmal gar nicht. Auch der technologische Wettlauf zwischen Unternehmen wie Google, Apple und Microsoft ist ungemein spannend, diese Konzerne entwickeln sich ständig weiter. Um ihre Erfindungen kursieren Gerüchte, die Investoren nehmen großen Anteil daran. Darauf zu spekulieren macht für viele Anleger mehr Sinn als die reine Charttechnik. Der Vergleich zwischen verschiedenen Unternehmen (oder anderen Werten) ist ein Klassiker.

In der Smartphone-Branche etwa wird ständig publiziert, welcher Hersteller nun das modernste, leistungsfähigste Modell auf den Markt bringt. Dass die Trader, die sich für solche Vergleiche interessieren, mit dem Pair Trading direkt darauf wetten können, darf als gutes und reizvolles Angebot von Binäre Optionen Brokern gelten. Es gibt aber auch Nachteile oder Klippen. Pair Trading macht nur Sinn, wenn miteinander verwandte Werte betrachtet werden. Diese entwickeln sich manchmal allerdings recht ähnlich, sodass es schwierig sein dürfte, einen Favoriten auszumachen. Einige Trader betrachten das als Herausforderung, andere als Glücksspiel. Letztere sollten Pair Trading nicht zu oft betreiben. Es verlangt wirklich fundamentales Research.

Die Risk Reversal Strategie

Es ist kein Geheimnis, dass jeder Handel mit Binären Optionen ein Risiko beinhaltet. Die Höhe des Risikos die jeder einzelne Handel aufweist, hängt von einer Reihe von Faktoren, wie der Volatilität des Marktes und den aktuellen Ereignissen in der globalen Wirtschaft ab, die sich auf einen Vermögenswert auswirken. Wenn ein Handel jedoch besonders riskant erscheint, kann ein Händler entscheiden, bestimmte Handelsstrategien wie beispielsweise eine Risiko Reversal-Strategie zu verwenden, um die Ergebnisse der Investitionen zu steuern. Obwohl die Risiko Reversal-Strategie die Risiken eines binären Optionen Handels begrenzen kann, möchten wir darauf hinweisen, dass sie nicht das komplette Risiko beseitigen kann, als auch als negativen Effekt die Gewinne des Handels einschränkt.

Risk Reversal ist eine der fortgeschrittenen Binäre Optionen Strategien, die meist von professionellen Händlern mit einem guten Gefühl für die Bewegungen des Marktes und die Marktstimmung angewendet wird. Als solche sollte diese Strategie von neuen Händlern mit Vorsicht verwendet werden, denn für ihre Beherrschung ist eine gute Portion an Übung und Erfahrung erforderlich. Risk Reversal ist nützlich, wenn der Preis eines Vermögenswerts eine konstante Fluktuation aufweist, und den Händler unsicher über seine Empfindlichkeit auf dem Markt lässt. Wenn Händler eine Idee haben, welche Richtung der Preis auf der Grundlage bevorstehender wirtschaftlicher oder politischer Ereignisse nehmen wird, können Händler das Risiko ihrer Geschäfte beschränken und sich gleichzeitig alle Optionen offen halten, falls die Volatilität des Kapitals eine unerwartete Wendung gegen sie einnehmen sollte.

Die Durchführung dieser Strategie

Schauen wir uns zum Beispiel an, wann und wie man eine Risk Reversal Strategie zur weiteren Klärung der Besonderheiten dieser binären Optionen-Strategie im Markt einsetzen kann. Angenommen, ein Händler glaubt, dass ein bestimmtes, geplantes wirtschaftliches Ereignis (wie die Freigabe des NFP Non-Farm Payrolls) einen Vermögenswert (den USD) positiv beeinflussen und seinen Wert in die Höhe treiben wird. Die aktuelle Volatilität auf den Devisenmärkten lässt jedoch den

Händler weniger zuversichtlich als normal über den tatsächlichen Verlauf des Events werden, was ihn zu einem risikominimierenden Ansatz für diesen Handel entscheiden lässt. Anstatt nur eine »Call«-Option auf den Handel anzuwenden, platziert der Händler auch eine »Put«-Option mit dem gleichen Ablaufdatum. Unabhängig davon, welche Richtung der Markt einnimmt, wird der Anleger so beim Ablauf von mindestens einer der Anlagen profitieren. So wie das Ablaufdatum näher rückt, zeichnet sich das endgültige Ergebnis des Handels klarer ab und der Händler kann entscheiden, diejenige von beiden die nicht positiv verläuft, zu verkaufen und das Geld für eine andere Option in die entgegengesetzte Richtung, die erfolgreich verläuft, einzusetzen, wodurch sich seine Gewinnmargen ohne eine tatsächliche weitere Investitionen in den Handel erhöhen. Als Beispiel gehen wir davon aus, dass die Signale des Marktes auf eine positive Wirkung der NFP hindeuten, kann der Anleger nun seine ursprünglich gekaufte »Out-of-the-money« »Put«-Option verkaufen und das Geld verwenden, um eine zweite »Call«-Option zu kaufen, von der er annimmt, dass sie bei dem Ablaufdatum im Geld endet. Umgekehrt, sieht das Ergebnis schlecht aus, könnte der Investor seine »Call«-Option verkaufen und eine andere

»Put«-Option kaufen, um das Risiko umzukehren und so einen Gewinn mit einer Option im Geld zu machen.

Die Hedging Strategie

Hedging ist eine innovative Strategie, die in binären Optionen bedeutet, zwei entgegengesetzte Richtungen gleichzeitig zu handeln. Beim Hedging setzt ein Händler sowohl eine Call als auch eine Put-Option in der gleichen Zeit mit dem Ziel der Verringerung der Verlustchancen, bei gleichzeitiger Erhöhung der Gewinnchancen. Hedging wird am häufigsten im Bereich des Devisenhandels verwendet, kann aber für jede Anlagekategorie verwendet werden. Die Technik hat schnell an Popularität gewonnen, da sie relativ einfach zu verstehen und umzusetzen ist.

Sichern Sie Ihren Handel durch Hedging ab!

Hedging gibt Ihnen die Option, sowohl von der Original-Option und als auch von ihrer entgegengesetzten Option zu profitieren. Dies geschieht in der Regel, wenn es eine große Differenz zwischen dem Basispunkt der ursprünglichen Call-Option und dem Verfallsniveau kommt, wenn Sie Ihre Put-Option setzen. Natürlich gibt es Situationen, bei denen Sie sicher sind, dass Ihre Option am Ende im Geld abläuft und die Absicherung durch Hedging so nicht erforderlich ist. Allerdings ist es eine gute Strategie, die verwendet werden kann, wenn es einen großen Unterschied zu Ihrem Strike Price gibt, obwohl Hedging auch manchmal verwendet wird, wenn dies nicht der Fall ist.

Absicherungsstrategien sind besonders nützlich, wenn erhöhte Preisbewegungen von einem Vermögenswert erwartet werden, und dabei Unsicherheit besteht, in welche Richtung diese gehen werden. Dies geschieht meist, wenn wichtige Wirtschaftsinformationen veröffentlicht werden sollen. Oft haben die Märkte eine gewisse Erwartung, wie nahe die berichteten Zahlen an den prognostizierten Zahlen liegen werden, aber es kann dabei auch Überraschungen geben. Die Absicherung durch Hedging kann auch verwendet werden, um die Auswirkungen eines Verlust-Trades zu minimieren. Zweifellos, ein oder zwei der drei Trades zu gewinnen ist besser als keinen Trade zu gewinnen. Obwohl Absicherung gelegentlich auch als kontraproduktiv angesehen wird, da sie Investition von Kapital in eine Verlustposition bedeutet, da beim Hedging am Anfang beidseitig eine Position eröffnet wird, da Sie Ihre Position absichern bis sich der Trend voll entwickelt hat.

Der Hauptfaktor, der bestimmt, wie erfolgreich Sie bei der Verwendung von Hedging-Strategien sind, ist das Gefühl den optimalen Moment zu erspüren, um den Trade zur richtigen Zeit auszuführen. Sie sollten im Hinterkopf behalten, dass die Finanzmärkte die über eine hohe Voltalität verfügen, kurzfristig große Preissprünge, praktisch ohne Vorwarnung, auslösen können. Solche Ereignisse können dazu führen, profitable Binäre Optionen in nur einem Augenblick in Verluste zu verwandeln. Darüber hinaus wird Hedging verwendet, wenn Sie genug Zeit haben, um Verluste von einem Ihrer vorhergehenden Trades auszugleichen. Es ist wichtig, das die Ablaufzeit lange genug gesetzt wird, damit Ihnen die Zeit bleibt, um Ihre Sicherungsstrategie entsprechend zu setzen. Der Handel mit Binären Optionen mit einem geregelten Broker gibt Ihnen die Freiheit, genau bis zum Ablauf, eine größere Summe auf diesen zweiten Trade zu setzen.

Für anspruchsvolle Trader kann Hedging eine kluge Strategie sein. Anfänger sollten bedenken, dass es am besten ist, Hedging nicht in jeder Situation zu verwenden. Es ist wichtig zu wissen, wie Hedging-Strategien funktionieren und wie man diese richtig anwendet.

Wenn Sie dies verstanden haben und Hedging entsprechend verwendet wird, kann Hedging eine enorm profitable Absicherungsstrategie sein.

Die Domino-Effekt Strategie

Die Domino-Effekt-Strategie ist eine der wesentlichen Strategien im Handel mit binären Optionen, die jeder Investor kennen sollte. Diese Strategie, die auch als Markt-Pull-Strategie bekannt ist, stellt nicht nur eine logische Verknüpfung dar und ist damit theoretisch leicht zu erfassen, sondern ist auch eine der vielseitigsten Strategien überhaupt. Sie bietet zahlreiche Möglichkeiten zur Anwendung für alle Arten von Vermögenswerten und kann je nach den Bedürfnissen und Zielen einzelner Händler geändert und angepasst werden. Die Domino-Effekt Strategie ist beliebt bei neuen Händlern und Experten gleichermaßen. Sie erfordert einen tiefen Einblick und Verständnis der Finanzmärkte, soll sie wirksam angewendet werden. Sie sollte nicht als schnelle Lösung für einen informierten Handel betrachtet werden.

Die Preise für handelbare Vermögenswerte sind von einer Reihe von Gründen, wie politischen Ereignissen, Finanznachrichten, Business Entscheidungen und Ankündigungen betroffen. Da Nachrichten und Ereignisse nicht in einem Vakuum geschehen, sondern mehrere Aspekte und Ereignisse der Wirtschaft und Politik umfassen, wirkt sich ein Ereignis häufig auf den Marktwert von mehr als einem Vermögenswert aus. Hierin liegt das Grundkonzept der Domino-Effekt Strategie: eine große Bewegung des Werts eines Vermögenswertes hat auch einen Einfluss auf einen korrelierten Asset. Der erste Schritt für die Anwendung dieser Strategie ist die Identifikation von Verbindungen und Zusammenhängen zwischen den Assets, die Sie handeln möchten. Einige der traditionellen und bekannten Zusammenhänge bestehen zum Beispiel zwischen Gold-und USD – wenn der Preis für Gold steigt, fällt der US-Dollar, da Anleger in der Regel zu Gold strömen, wenn der Dollar schwächer wird, Öl- und USD – mit den USA als weltweit größtem Verbraucher von Rohöl steigen und fallen die Kursbewegungen von Öl, Gold- und AUD – Australien erlebt als einer der weltweit größten Goldproduzenten Währungsschwankungen, die sich positiv auf die Bewegungen des Goldpreis auswirken. Auch wenn in den oben genannten Beispielen die Zusammenhänge zwischen Rohstoffen (Gold und Öl) und Währungen (USD und AUD) dargestellt wurden, kann die Strategie auf zwei beliebige handelbare Vermögenswerte angewendet werden, ob Aktien, Währungen, Indizes oder Rohstoffe. Ein anderes Beispiel ist die Veröffentlichung nach der Marktpremiere eines neuen Produktes, die eine Erhöhung des Werts eines Handy-Hersteller (wie Apple oder Samsung) bewirkt und zu einer negativen Kursentwicklung an der Börse eines anderen Handy-Hersteller führen kann, da immer mehr Menschen wählen, dieses neue Gerät zu kaufen. Das Schöne an dieser Strategie ist, dass jeder Händler, je nach seinen Interessen auf dem Markt seine eigenen Korrelationen finden kann.

Handels-Plattformen

Neben den gängigen Handelsplattformen bei denen Sie Trades zwischen 5 und 60 Minuten tätigen können gibt es noch folgende Plattformen:

Die Long-Term Plattform

Wie der Name der Plattform vermuten lässt, haben langfristige Optionen eine längere Lebensdauer als traditionelle Binären Optionen, mit einer Auswahl von Verfallsdaten, die von einem Tag bis zu mehreren Tagen, Wochen oder sogar Monate reichen. Die längeren Verfallsdaten der Optionen und die Einführung einer völlig neuen Art des Handels, stehen eine Reihe von Trading-Techniken zur Verfügung, die bisher nicht bei Binären Optionen möglich waren. Bei langfristigen Optionen, muss ein Händler nicht nur mit technischer Analyse flüchtige Ereignisse und sofortige Verschiebungen in Richtung der Märkte beobachten, sondern kann sich auch stärker auf die globalen Wirtschaftsnachrichten und externe Faktoren konzentrieren, die den Basiswert beeinflussen könnten. Dies bedeutet jedoch, dass er vor dem Eintritt in einem Handel verstehen muss, warum ein Ablaufdatum empfohlen wird, und wie die Ereignisse, die auf dieses schließen lassen, analysiert werden.

Long Term Optionen-Strategien

Einer der wichtigsten Vorteile des Handels von Long Term Optionen liegt in dem geringeren Grad an Risiko, das sie, im Vergleich zu anderen Binären Optionen bieten. Obwohl weniger Risiko auch ein geringeres Gewinnpotenzial mit sich bringt, können eine gute Analyse der Ereignisse, zusammen mit einer starken Investitionsstrategie Langzeitoptionen zu einem wichtigen Handels-Werkzeug werden lassen.

Saisonalität: Jeder erfahrene Trader wird Ihnen sagen, dass es bestimmte Trends gibt, die sich jedes Jahr im gleichen Zeitraum auf dem Markt wiederholen. Zwar gibt es keine Garantie, dass ein historisches Muster sich in gleicher Weise wiederholen wird, eine 80-90% Wiederholungsrate solcher Muster ist jedoch ein wesentlicher Faktor um diese auf der Long Term Trading-Plattform zu handeln. So kann beispielsweise für den Ölpreis jedes Jahr im August ein Höchststand beobachtet werden, der aufgrund der höheren Nachfrage auf dem Markt durch die vielen Urlauber in diesem Monat zu Stande kommt. Ein Investor der sich für Öl interessiert, sollte daher dieses Ereignis bei der Entscheidung im Kopf behalten, ob ein Langzeit Handel mit Öl bei dem Verfallsdatum sich nach oben oder nach unten bewegt.

Buy low, sell High & umgekehrt: Die »Buy low, Sell high«-Strategie war seit seiner Gründung die treibende Kraft der traditionellen Börse, jedoch bisher nicht für Binäre Optionen. Mit Handelsplattformen wie der Long Term Plattform haben die Anleger jedoch nicht nur diese Strategie zur Verfügung für Ihren Handel, sondern können auch von ihrer umgekehrten, »Buy High, Sell Low« profitieren, eine undenkbare Vorstellung für diejenigen, die Erfahrung auf dem Aktienmarkt haben. Wenn eine Währung oder ein Rohstoff zum Beispiel auf ein Rekordtief trifft, kann ein Händler eine »Call-Option« auf Long Term Optionen platzieren, die zu einem späteren Zeitpunkt schließt, wenn der Markt wieder in den normalen Bereich zurückgekehrt ist. Auch die Umkehrung funktioniert auf dem Binären Markt: trifft ein Wert auf ein Rekordhoch, kann eine Long Term »Put«-Option für ein späteres Verfallsdatum gesetzt werden, sollte der Markt sich wieder fangen und zur Normalität zurückkehren, verfällt die Option im-Geld.

Die 60 Sekunden Plattform

Die 60-Sekunden-Trading-Plattform bietet Händlern den schnellsten Weg, von Online-Investitionen zu profitieren. Diese Online-Handelsplattform funktioniert genau wie die reguläre binäre Optionen Plattform, auf der der Investor auswählt, welchen Vermögenswert er handeln möchte, die Preisrichtung des Vermögenswertes und den Betrag, den er investieren möchte. Der Unterschied der beiden Plattformen liegt in der Verfallszeit des Handels. Auf der 60-Sekunden-Plattform kann der Anleger die Verfallszeit nicht wählen – der Handel läuft automatisch nach 60 Sekunden ab. Am Ende der 60 Sekunden, kann ein erfolgreicher Handel Gewinne von rund 65 bis 75% des ursprünglichen Anlagebetrags ergeben, und kann sogar so lange wiederholt werden, wie der Trend auf dem Markt anhält.

Vorteile der 60 Sekunden Plattform

Die 60-Sekunden-Trading-Plattform erscheint als eine schnelle und einfache Möglichkeit, um Gewinne zu machen. Sie sollte jedoch mit Vorsicht eingesetzt werden, da der schnelle Durchlauf dieser Handelsaktivitäten vorherige Marktkenntnisse und ein guten Verständnis für Ereignisse, die einen Einfluss auf kurzfristige Bewegungen haben können, erfordert. Mit der Verwendung dieser Handels-Plattform können Händler von der Volatilität des Marktes bei vorangehender Bekanntgabe wichtiger Wirtschaftsnachrichten, wie z.B. der NFP, profitieren.

Der Handel mit Robotern

Sie bekommen nicht die gewünschten Ergebnisse die Sie mit ihrem Trading erhalten wollen und Sie sind sich unsicher welche Strategie Sie verfolgen sollen? Das ist der Punkt an dem die Hilfe der Roboter für Binäre Optionen zum Tragen kommt und Ihnen dabei hilft ihre Gewinn beim Trading zu maximieren.

Was ist ein Roboter für Binäre Optionen? Es ist eine Software die Sie so programmieren können, so dass diese bestimmte Arten von Trades für Sie automatisch ausführt. Die Software verfügt über eine komfortable Menüsteuerung und ist sehr leicht zu bedienen. Die Software hat in der Regeln zwei Versionen: Eine kostenlose Grundversion und eine VIP-Version die über viele zusätzliche Funktionen verfügt die nicht in der Grundversion enthalten sind.

In 3 einfachen Schritten ist meist so ein Programm einsetzbar ohne Download von Programmen oder ähnlichem. So bald Sie das alles erledigt haben, sind Sie in der Lage Trades zu platzieren die auf den hochentwickelten Algorithmen des Roboters basieren. Die Programme überlassen Ihnen sogar die Entscheidung welchen Risikolevel Sie einsetzen wollen.

Viele Händler und vor allem Anfänger wollen den Handel komplett einem Roboter überlassen.

Nachstehend werde ich Ihnen ein paar Links der besten und erfolgreichsten Robot-Anbieter aufführen, die mir von Lesern empfohlen wurden. Einige von diesen haben anscheinend eine Erfolgsquote von über 90%! Ich selbst handle grundsätzlich nicht mit Robotern, es bleibt jedoch Ihnen überlassen ob Sie diese Art des Tradings für sich bevorzugen oder nicht oder das Robot-trading zusätzlich neben Ihren individuell gesetzten Trades einsetzen. Es handelt sich bei den Robotern um eine 100% automatisierte Binary Trading Software.

Den Vorteil den Sie dabei haben ist dieser, dass der Handel völlig ohne Emotionen stattfinden kann.

Der Binary Options Robot kann Ihnen während des Handels helfen, die Emotionen zu zügeln, da er fast automatisch ausgeführt wird. Dies wiederum ermöglicht es Ihnen, Ihrem Trading-Plan leicht zu folgen. Sie werden beim Öffnen der Position nicht zögern und zweifeln, da eine Position vom Roboter sofort nach den bestehenden Regeln geöffnet wird. Der Binary Options Roboter hilft nicht nur Tradern, die sich fürchten auf den Auslöser zu drücken, sondern auch denjenigen, die eine schlechte Angewohnheit haben sich schnell aufzuregen oder zu viele Trades zu setzen oder zu hohe Einsätze riskieren.

Eine der größten Herausforderungen beim Handeln ist die Wahl einer Handelsstrategie und das Einhalten dieser Strategie. Selbst wenn der Händler weiß, dass sein System auf lange Sicht profitabel ist, kann eine kurze Serie von Verlust-Trades ihn aus dem Plan bringen und von der eigentlichen Strategie abweichen lassen, was den Verlauf aller Erwartungen die Strategie auf den Kopf stellt. Der Binary Options Robot liefert Ihnen Konsistenz, da er immer automatisch nach dem Plan handelt. Darüber hinaus entlastet er Sie, mögliche Fehler in der Positionseinstellung zu machen.

Der Binary Options Robot löst einfach das Problem durch die Erfassung des perfekten Moments, um sowohl Call und Put binäre Optionen zu kaufen oder zu verkaufen. Wenn Sie den Robot in Übereinstimmung mit Ihren Anforderungen festlegen, werden Sie keine Probleme mit dem Handel haben und der Prozentsatz der erfolgreichen Transaktionen erhöht sich bei der richtigen Positionierung ständig.

Anbieter von Robotern und Trading-Signalen finden Sie auf unserer Webseite www.trading-king.hk.

Top-Stock / Forex

Wir haben ein spezielles Programm entwickelt, das uns ermöglicht, gezielte Prognosen auf Tages-Trades von bestimmten Aktien- und Forex-Werten zu platzieren. Wir haben über 1 Jahr lang bestimmte Werte beobachtet und analysiert und in ein Programm eingespeist und dabei spezielle Algorithmen ausgearbeitet. Diese Software verwendet komplexe mathematische Algorithmen zur Untersuchung von Marktdaten und verwendet diese Daten dann, um mit hochprofitablen und risikoarmen Ergebnissen zu handeln. Wir kamen dabei zu einer bahnbrechenden Auswertung, die uns einen absoluten Vorteil von bis zu 75% ermöglicht. Da wir dieses ausgearbeitete System schützen müssen, können wir keine weiteren Einzelheiten dazu bekannt geben. Wir haben dieses von uns exklusiv entwickelte Programm als TOP-STOCK und TOP-FOREX bezeichnet.

Unser Programm analysiert die folgenden Aktienwerte:

USA (22 Werte):

McDonalds

Snapchat

Tesla

Twitter

Morgan Stanley

Nice

Altaba

Baidu

Cisco Systems

Intel

Microsoft

JP Morgan Chase

AIG

CitiGroup

Coca Cola

Goldman Sachs

Yandex

Amazon

Alibaba

Google

Apple

Face Book

Wir arbeiten daran Ihnen auch in Kürze europäische und deutsche Aktienwerte zu analysieren.

Für Forex-Trader bieten wir Prognosen auf folgende Währungs-Paare (24 Paare) an:

EUR/USD

EUR/NZD

GBP/JPY

AUD/USD

USD/CHF

NZD/USD

EUR/JPY

GBP/CHF

GBP/USD

AUD/JPY

GBP/AUD

USD/RUB

EUR/AUD

EUR/CAD

USD/JPY

GBP/CAD

CAD/CHF

EUR/GBP

AUD/CAD

USD/SEK

USD/NOK

USD/TRY

USD/CAD

CHF/JPY

Unser Programm wählt aus allen aufgeführten Aktien Werten die 5 Werte aus, welche die höchste Trefferquote für einen Gewinn ausweisen. Diese werden wir dann in unsere Prognose aufnehmen und Ihnen aussenden. Das gleiche gilt für die Forex-Werte. Wir senden Ihnen die 5 Währungspaare in unserer Prognose aus, welche die höchste Trefferquote ausgewiesen haben.

Wir bieten TOP-STOCK und TOP-FOREX wie folgt an:

Als 14 tägiges Probe-Abo zum Einführungspreis von 149 Euro für 14 Tage, für jeweils Top-Stock oder Top-Forex. Für die 14 tägige Probezeit sprechen wir Ihnen eine Geld-zurück-Garantie aus. Dies bedeutet, sollten wir innerhalb 14 Tagen, also in den 10 Handelstagen, keinen Überschuss erwirtschaftet haben, erhalten Sie 100 Euro rückerstattet. Bei uns verbleiben dann lediglich 49 Euro als Administrations-Gebühr. Nach Ablauf der Probezeit können Sie das Abo weiter beziehen, zu einem monatlichen Preis von 299 Euro ohne Geld-zurück-Garantie (diese können wir nur für die Probezeit aussprechen), jeweils für Top-Stock oder Top-Forex. Die Prognose wird täglich (nicht Sa, So und Feiertage) ausgesendet.

Sollten Sie Top-Stock und Top-Forex gemeinsam bestellen wollen, so erhalten Sie einen ermäßigten Preis von 499 Euro anstatt 598 Euro pro Monat.

Zur Anwendung von Top-Stock und Top-Forex sind die folgenden Voraussetzungen erforderlich:

1. Sie benötigen ein Broker-Konto bei iq option (www.iqoption.com)
2. Es ist wichtig, dass Sie die Trades der Prognose ZEITNAH platzieren, am besten sofort nach Erhalt, da Sie sonst Gefahr laufen, dass sich der Kurs vom prognostizierten Strike Preis zu weit entfernt. Unsere Prognosen werden täglich ab 10:00 Uhr für Top-Forex und ab 16:00 Uhr für Top-Stock per Mail oder Skype ausgesendet. Es handelt sich hier um eine Tagesprognose bis zum Ablauf am Abend.
3. Zum Ablauf des Trades bekommen Sie am Ende des Tages oder bis spätestens 11.00 Uhr des drauffolgenden Tages eine Auswertung des Ergebnisses zugesendet.

Steuer

Dieses Thema wird fast von keinem einzigen der Broker angesprochen! Bitte achten Sie darauf, dass Sie an Ihrem Ort des Hauptwohnsitzes auch steuerpflichtig sind! Dies gilt auch für Einkünfte aus dem Handel mit Binary Options sowie anderen Wertpapieren auch! Sie handeln zwar meist auf einer Plattform außerhalb Deutschlands dies ändert jedoch nichts an der Tatsache, dass Sie an Ihrem Hauptwohnsitz steuerpflichtig sind und zwar auch für Ihre Einkünfte aus dem Ausland. Sollten Sie dies nicht tun laufen Sie Gefahr, dass es Ihnen wie Herrn Hoeneß geht, der seine Handelsgewinne zwar in der Schweiz erzielt hatte aber dennoch in Deutschland steuerpflichtig gewesen wäre. Sollten Sie später ständige größere Gewinne durch das Trading verbuchen, können Sie über einen Umzug in ein Land nachdenken in dem Sie weniger oder überhaupt keine Steuern bezahlen müssen. Auswahl hierzu gibt es immer noch genügend.

Behilflich kann Ihnen hier folgendes E-Book sein:

»Top Secret«

ebenso im Ebozon Verlag erschienen und erhältlich.

Seminare

Für alle interessierten Leser biete ich auch Einzelseminare an die wir per Skype abhandeln können in denen ich Ihnen nochmals meine eigene Trading Strategie erkläre und mit Ihnen gemeinsam den Handel tätige.

Die einzige Voraussetzung die Sie mitbringen müssen ist ein Computer mit Internetverbindung, eine Skypeverbindung sowie die Eröffnung eines Trading-Kontos bei IQ-Option. Ich führe Seminare ausschließlich an Hand von Charts dieses Brokers durch. Den Vorteil den Sie bei diesem Broker haben ist der, dass Sie schon ab einem Minimum von nur 1 Euro pro Trade handeln können und der Broker Ihnen ein uneingeschränktes Demo-Konto zur Verfügung stellt, dass Sie immer wieder selbst aufladen können. Besonders für Anfänger ist dieser Broker empfehlenswert.

Weitere Voraussetzung ist, dass Sie zu Beginn des Seminares eine Online Überweisung auf mein Bankkonto in Höhe von 199 Euro tätigen. Diese Seminargebühr bezieht sich auf eine Stunde, die ich ausschließlich mit Ihnen handeln werde. Bei diesem Seminar wird ausschließlich nach meiner in diesem Buch beschriebenen Strategie gehandelt und Ihnen diese erläutert.

Geld zurück Garantie

Sollten Sie bei Seminar-Ende einen Verlust erlitten haben, werde ich Ihnen zum Ende des Seminares den Betrag von 199 Euro online zurückerstatten. Sollte das Trading Seminar im Gewinn enden gilt der Betrag von 199 Euro als voll bezahlte Seminargebühr für das Trading und verbleibt bei mir. Ich denke ein faireres Angebot kann man nicht machen und Sie können erkennen, dass ich von meiner Strategie völlig überzeugt bin. Auch möchte ich nicht durch Seminare reich werden, dies kann ich durch das Trading, dieser Betrag kompensiert lediglich meinen Zeitaufwand den ich für Sie aufbringen muss.

Für Seminar-Anmeldungen kontaktieren Sie mich bitte unter folgender E-Mail Adresse:

Trading-King@swissmail.com

Bitte teilen Sie mir bei Ihrer Mail folgenden Daten mit:

Name:

Geburtsdatum:

Wohnort:

Sykpe Adresse:

Telefonnummer:

Tag und Uhrzeit des gewünschten Seminares:

(bitte nur Termine zur Haupthandelszeit in Europa eintragen zwischen 8 Uhr bis 12 Uhr oder von 16 Uhr bis 19 Uhr / Bevorzugt sind Handelszeiten am Vormittag!)

Sobald ich Ihre Anfrage bearbeitet habe, werde ich innerhalb 24 Stunden antworten und Ihnen Ihren Wunschtermin für ein Seminar bestätigen oder einen neuen Termin mit Ihnen festlegen.

Ich wünsche Ihnen nun ein erfolgreiches Trading und würde mich freuen Sie zu einem privaten Seminar begrüßen zu dürfen!

Partiarisches Darlehen

Alternativ können Sie sich direkt an der Firma Trading King Ltd. zu einer festen Rendite von 8.5 % p.a. über ein Partiarisches Darlehen beteiligen. Hier haben Sie den Vorteil, dass Sie das Risiko eines Verlustes beim Trading ausgeschaltet haben, da Sie sich an der Firma beteiligen und nicht am Trading selbst. Diese Variante ist für Anleger gedacht, die zwar indirekt am Trading verdienen wollen, das Risiko aber zusätzlich minimieren möchten.

Bei Interesse fordern Sie Ihre Unterlagen an unter:

Trading-King@swissmail.com

IN EIGENER SACHE

TOP RENDITE

Wir wollen unser Unternehmen international erheblich expandieren. Hierzu suchen wir einen seriösen verlässlichen Partner in Form einer Firmenbeteiligung in Höhe von 1 Mio. Euro.

Wir erwirtschaften überdurchschnittliche Gewinne und somit auch eine Top Rendite für Ihre Beteiligung.

Bei Interesse kontaktieren Sie uns bitte unter nachstehender E-Mail Adresse und fordern unseren ausführlichen Business-Plan an:

Trading-King@asia.com

Trading Ergebnisse

Alle original Trading-Tages-Ergebnisse mit genauer Auflistung der jeweils getätigten Trades (Datum, Uhrzeit, Asset, Betrag, Gewinn, etc.), wie nachstehend in der Monatsübersicht aufgeführt, stehen dem Leser auf Anfrage jederzeit als PDF Datei zur Verfügung. Diese Ergebnisse sind als Original Abrechnungs-Belege des Brokers erhältlich.

Gerne können auch nur die momentan aktuellsten Trading-Ergebnisse der letzten 3 Monate angefordert werden. Für einige Trades sind auch original Trading-Tages-Charts erhältlich.

Bitte senden Sie hierzu eine formlose Anfrage an:

Trading-King@swissmail.com

September 2015

18/09/15	+/- 0%
21/09/15	+ 4%
22/09/15	+ 4%
23/09/15	+ 6%
24/09/15	+5.5%
25/09/15	+ 6%
28/09/15	+ 5%
29/09/15	+ 4%
30/09/15	+ 5%

TOTAL: + 39.5%

Oktober 2015

01/10/15	+/- 0%
02/10/15	+ 2%
05/10/15	+ 2%
06/10/15	+ 2%
07/10/15	+ 2%
08/09/15	+ 2%
09/10/15	+ 7%
12/10/15	+ 2.5%
13/10/15	+ 2%

TOTAL: + 21.5%

November 2015

05/11/15	+ 4%
16/11/15	+ 3.5%
17/11/15	+ 4%
19/11/15	+ 2%
24/11/15	+ 4%
30/11/15	+ 4%

TOTAL: + 21.5%

Dezember 2015

01/12/15	+ 3%
02/12/15	+ 2%
03/12/15	+ 3%
04/12/15	+ 2.5%
07/12/15	+ 2.5%
08/12/15	+ 2%
16/12/15	+ 9%
17/12/15	+ 6.5%

TOTAL: + 30.5%

Januar 2016

13/01/16	+	6%
15/01/16	-	20%
18/01/16	+	17%
19/01/16	+	5%
20/01/16	+	7%

TOTAL: + 15%

Februar 2016

08/02/16	+	5.5%
10/02/16	+	2%
11/02/16	+	2%
12/02/16	+	1%
16/02/16	+	7%
17/02/16	+	2%
23/02/16	+	2.5%
25/02/16	+	2%

TOTAL: + 24%

März 2016

01/03/16	+	2%
02/03/16	+	2%
09/03/16	+	1.5%
10/03/16	+	2%
11/03/16	+	1%
14/03/16	+	2%
15/03/16	+	3%
16/03/16	+	3%
17/03/16	+	3%

TOTAL: + 19.5%

April 2016

04/04/16	+ 2.5%
05/04/16	+ 3.5%
06/04/16	+ 1.5%
07/04/16	+ 2%
08/04/16	+ 1.5%
11/04/16	+ 1%
12/04/16	+ 2%
13/04/16	+/- 0%
15/04/16	+ 2%
18/04/16	- 21%
19/04/16	+ 2%
20/04/16	+ 3.5%
22/04/16	+ 1%
26/04/16	+ 2%
TOTAL:	+ 3.5%

Mai 2016

09/05/16	+	2%
13/05/16	+	2%
18/05/16	+	2%
20/05/16	+	2%
23/05/16	-	3%
24/05/16	+	5%

TOTAL: + 10%

Wie Sie erkennen können, wurde in den Trades der letzten Tage und Monate fast konstant ein Tagesergebnis von mindestens 2% Gewinn erzielt. Ein hervorragendes Ergebnis und vor allem im Vergleich zu derzeitigen Kapitalmarktrenditen höchst attraktiv!

Begriffserklärung

Zum Glück brauchen Sie kein Diplom in Mathematik für den Handel mit binären Optionen oder »digitalen Optionen«, wie diese auch genannt werden, noch benötigen Sie ein gutes Gedächtnis, um die gängigen Begriffe zu erlernen, auf die Sie beim Handel stoßen.

Der wichtigste Begriff ist der Sammelbegriff für das, was Sie handeln möchten: die Vermögenswerte. Sie können zum Beispiel Rohstoffe wie Gold oder Öl oder sogar Kupfer handeln. Sie können auch einzelne Aktien von namhaften Unternehmen wie Facebook, Apple oder McDonalds handeln. Weiterhin ist es möglich, mit Aktienindizes wie Nasdaq, S & P 500 oder FTSE 100, oder ein Währungspaar wie EUR/USD oder GBP/USD zu handeln. Diese handelbaren Werte werden zusammenfassend als »Vermögenswerte« (oder engl. = Assets) bezeichnet – der Vermögenswert ist der Wert, den Sie handeln.

Nehmen wir an, Sie handeln das Währungspaar EUR/USD zu dem momentanen Preis von 1,2900. Dabei wird dieser Preis als »Aktueller Kurs« bezeichnet. Sie entscheiden sich dafür, ein Finanzmagazin zu lesen, um sich über bevorstehende und aktuelle Nachrichten und Ereignisse aus der Wirtschaft zu informieren, die den

Preis des Paars beeinflussen könnten. Diesen Vorgang bezeichnet man als »Fundamentalanalyse«. Wenn Sie Informationen durch die Betrachtung der historischen Kurs-Charts des EUR/USD Währungspaar nach Chart Preisschemen in der Vergangenheit durchsuchen, würde man diesen Vorgang als »technische Analyse« bezeichnen.

Wenn Sie bei Ihren Nachforschungen zu dem Schluss gekommen sind, dass der Preis für EUR/USD steigen wird, entscheiden Sie, eine »Call-Option« zu einem Preis Ihrer Wahl (1,2910) zu kaufen, der höher als der des aktuellen Kurses von 1,2900 liegt. Dieser Preis wird als der »Verfallspreis« oder »Ablaufpreis« bezeichnet, und der Zeitpunkt, wenn die Option abläuft wird als »Verfallszeit« bezeichnet. Der Zeitraum bis zum Ablauf der Option ist sehr kurz, die Option läuft in maximal 24 Stunden nachdem Sie dem Optionsvertrag zustimmen, ab.

Wenn Sie zu dem Schluss gekommen wären, dass der Preis für EUR/USD fallen wird, hätten Sie eine »Put-Option« gekauft und einen Ablaufpreis gewählt, der niedriger ist als der des aktuellen Kurses von 1,2900 (etwa 1.2890).

Jetzt können Sie abwarten und Ihren Handel beobachten. Haben Sie den Ausgang des Handels richtig prognostiziert oder nicht? Zuerst bewegt sich der EUR/USD-Kurs überhaupt nicht und Sie haben keinen Gewinn aber auch, Gott sei Dank, keinen Verlust gemacht. Diese Situation wird als »auf dem Geld« (engl.: »at-the-money«) bezeichnet. Wenn der Preis bei seinem Verfallsdatum »auf-dem-Geld« ist, ist Ihre Bilanz ausgeglichen. Allerdings bewegt sich der Preis dann plötzlich recht schnell und wird sehr volatil. Er fällt zunächst auf 1,2885, Sie werden nervös, denn jetzt ist die Option aus-dem-Geld (engl.: »out-of-the-money«), wenn der Preis bleibt, wo er ist, würde dies bedeuten, dass Sie bei der Transaktion einen Verlust machen und 90% Ihres ursprünglichen Anlagebetrags verlieren.

Im Laufe der Zeit beginnt der Kurs von EUR/USD jedoch wieder zu steigen und bewegt sich über den Wert seines Ausgangspreises, von 1,2910. Jetzt sind Sie glücklich, weil Ihre Call-Option im Geld (engl.: in-the-money) steht und Sie eine schöne Auszahlung (engl.:»pay-out«) bekommen und damit einen wirklich attraktiven Gewinn von etwa 71% der Investitionssumme machen werden. Nicht schlecht, oder?

Die häufigsten Fehler beim Handel mit Binären Optionen

Die häufigsten Fehler, die einem Anfänger im Handel mit binären Optionen widerfahren können, bestehen darin, dass Händler nicht diszipliniert genug sind, und aus Mängeln in der Strategie große Fehler entstehen.

Unterschätzen der Märkte

Einer der häufigsten Fehler im Handel mit binären Optionen ist anzunehmen, dass der Handel, weil er so einfach ist und nur aus der Entscheidung für eine von zwei Alternativen besteht, keine Notwendigkeit besteht, sich detailliert mit den Marktdaten auseinander zu setzen und einfach nach Bauchgefühl zu handeln. Eine solche Haltung ist ein großer Fehler und führt dazu, dass Sie ihr gesamtes Kapital verlieren können. Handeln Sie nicht auf der Grundlage dessen, wie viel Glück Sie vermuten, zu haben. Nur weil Sie einmal in der Lotterie oder im Bingo gewonnen haben, bedeutet das nicht, dass Sie im Handel mit binären Optionen Glück haben.

Streichen Sie den Aspekt Glück aus Ihrem Gedächtnis und versuchen Sie es mit Kenntnis und der Verwendung von zugrunde liegenden Daten.

Übertriebene Risikobereitschaft

Ein Erhöhen des Risikos bedeutet nicht notwendigerweise auch eine Erhöhung der Gewinne. Die meisten binäre Optionen Broker bieten die Möglichkeit, eine Option vorzeitig zu schließen oder vor Ablauf der Zeit zu verkaufen, in dem Sinne, dass es besser ist, die Option zu schließen, wenn Sie bereits einen Gewinn erzielt haben, anstatt das Risiko erhöhen, indem Sie bis zum Ablauf der Option warten. Versuchen Sie immer so weit wie möglich, Ihr Risiko zu minimieren, so dass, wenn zum Beispiel Ihre Option aus dem Geld (engl.: »out-of-the-money«) abläuft, keine Panik besteht und Sie beschließen, dies durch den Kauf einer Option auf den gleichen Vermögenswert in die entgegengesetzte Richtung abzusichern. Was dabei am ehesten passiert, ist, dass Sie beide Optionen verlieren und Ihre Verluste, verdoppeln, weil Sie Ihr Risiko verdoppelt haben. Auch wenn der Markt plötzlich die ursprüngliche Richtung ändert und Sie daraufhin 85% auf den Gewinn-Trade gewinnen aber 115% auf den Verlust Handel verlieren, ist das keine gute Idee und diese Hedging-Strategie nicht profitabel.

Der Handel am Wochenende ohne Erfahrung

Ein weiterer Fehler, den neue binäre Optionen Händler begehen können, ist die Versuchung, zu früh am Wochenende zu handeln. Als Anfänger haben Sie leuchtende Augen, wenn Sie Gewinnmargen von über 200% an Wochenenden sehen. Widerstehen Sie der Versuchung, bis Sie die Märkte und Eigenschaften der gewählten Vermögenswerte im Detail verstehen. Der Handel mit binären Optionen am Wochenende beinhaltet die Entscheidung, ob der Asset-Preis ein bestimmtes Preisniveau berühren wird oder nicht. Dieses Preisniveau ist weit weg von den aktuellen Preisen, Sie müssen deshalb über gute Kenntnisse der Vermögenswerte, sowie der Markt- und Wirtschaftslage verfügen, um mit Genauigkeit vorherzusagen, wann die Optionspreise diesen Kurswert berühren werden oder nicht. Wenn Sie bereits ein erfahrener Trader mit binären Optionen sind, können Sie diese »One Touch« Methode am Wochenende handeln.

Sie haben sicher von dem alten Sprichwort gehört, dass besagt, dass Sie Geld brauchen, um Geld zu verdienen. Als Anfänger im Handel sollten Sie dieses Sprichwort jedoch nicht beherzigen. Solange Sie den Handel erlernen, sollten Sie so wenig wie möglich von Ihrem eigenen Geld einsetzen. Verwenden Sie die von Ihrem Broker erlaubten Minimaleinsätze. Nachdem Sie einige Zeit gehandelt haben und sich sicher fühlen, können Sie größere Summen einsetzen. Ich wünsche Ihnen nun noch viele erfolgreiche Trades und viel Glück!

Zusammenfassung der häufigsten Fehler beim Trading

- Zu hoher Einsatz des Einzel-Trades in der Relation zum Gesamt-Investment
- Bei Trades die sich aus dem Geld bewegen ständig nachzusetzen
- Außerhalb Ihrer Strategie Trades zu platzieren
- Bei Verlusten die Einsätze ständig zu erhöhen um den Verlust wieder auszugleichen
- Unkontrolliert und mit starken Emotionen Trades zu platzieren

- Aus Angst vor Verlusten wichtige Trades einfach auszusetzen die dann den Gewinn ergeben hätten
- Gewinnsucht und Erfolgszwang
- Trades auf unbekannte Assests zu platzieren zu denen man keine eigene Informationen oder kein eigenes Basiswissen hat
- Mit 60Sec.-Trades das »Große und schnelle Geld« machen zu wollen
- Außerhalb den üblichen Börsenzeiten Trades oder bei nicht volatilen Assests Trades zu platzieren
- Over-Trading (setzen Sie sich immer ein Maximum wann Sie Ihre Trading-Session beenden wollen, entweder als Geldsumme oder als zeitliche Begrenzung)

HAFTUNGSAUSSCHLUSS

Der vorliegende Titel wurde mit großer Sorgfalt erstellt. Dennoch können Fehler nicht vollkommen ausgeschlossen werden. Der Autor übernimmt daher keine juristische Verantwortung und keinerlei Haftung für Schäden die aus der Benutzung dieses Buches oder Teilen daraus entstehen. Insbesondere ist der Autor nicht verpflichtet, folge- oder mittelbare Schäden zu ersetzen.

Der Autor haftet nicht für Verluste die dem Leser durch das Trading mit Binären Optionen entstanden sind oder entstehen werden. Es werden und wurden in diesem Buch vom Autor keine Gewinngarantien oder Erfolgsversprechungen abgegeben.

Als Leserin und Leser dieses Buches, möchten wir Sie ausdrücklich darauf hinweisen, dass keine Erfolgsgarantie oder Ähnliches gewährleistet werden kann.

Auch kann keinerlei Verantwortung für jegliche Art von Folgen, die Ihnen oder anderen Lesern im Zusammenhang mit dem Inhalt dieses Buches entstehen, übernommen werden. Der Leser ist für die aus diesem Buch resultierenden Ideen und Aktionen selbst verantwortlich. Gewerbliche Kennzeichen- und Schutzrechte bleiben von diesem Titel unberührt. Das Werk und alle

Trading-King@swissmail.com

RISIKOHINWEIS

Der Handel von binären Optionen, Forex/CFDs birgt aufgrund der Volatilität des zugrundeliegenden Markts erhebliche Risiken für Ihr Kapital. Diese Produkte könnten nicht für alle Investoren geeignet sein. Sie sollten deshalb sicherstellen, alle Risiken verstanden zu haben und einen unabhängigen, geeigneten und lizenzierten Finanzberater zu Rate ziehen.

ALLGEMEINE RISIKOWARNUNG: DER HANDEL MIT BINÄREN OPTIONEN UND CFDS BEINHALTET EIN HOHES RISIKO UND IST UNTER UMSTÄNDEN NICHT FÜR ALLE ANLEGER GEEIGNET. ES BESTEHT DIE MÖGLICHKEIT DAS GESAMTE EINGESETZTE KAPITAL ZU VERLIEREN. DAHER SOLLTEN SIE KEIN GELD INVESTIEREN, VON DEM SIE ES SICH NICHT LEISTEN KÖNNEN, ES ZU VERLIEREN.

FSC
www.fsc.org
MIX
Papier | Fördert gute Waldnutzung
FSC® C083411

Kolibri 360 GmbH
Ferdinand-Jühlke-Straße 7
99095 Erfurt, Deutschland
produktsicherheit@kolibri360.de